U0915693

盛世新管理书架
SS New Management Bookshelf

突破5大思维障碍 寻找7种思维密码 掌握11种思维方法

成功者之剑
创新密码

莫勇波 张李敏◎著

只有能够破译密码的人，才能打开创造之门，走向事业的巅峰

创新，尤如一把利剑；具有创新理念的领导者手持此剑，断荆斩棘，方能在激烈的社会竞争中独领风骚，所向披靡

人民邮电出版社
北京

图书在版编目（C I P）数据

成功者之剑 : 创新密码 / 莫勇波，张李敏著. -- 北京 : 人民邮电出版社，2015.2
（盛世新管理书架）
ISBN 978-7-115-38148-4

Ⅰ. ①成… Ⅱ. ①莫… ②张… Ⅲ. ①企业管理－创新管理－研究 Ⅳ. ①F270

中国版本图书馆CIP数据核字(2014)第311900号

内 容 提 要

本书引导读者突破常规思维的局限，以超常规甚至反常规的方法、视角去思考问题，提出与众不同的解决方案。实际上，我们每个人都有创新意识与思维，不过有些人的创新意识与思维可能深藏于大脑之中，或者仅仅被开发了5%左右。通过阅读本书，能够系统激活和训练我们未被开发的创新意识与创新思维，帮助读者提高自身创新能力，通过系统的思维创新训练，激发大脑的创新思维，突破思维创新的围墙，让思维创新成就企业创新。

本书适合企业管理人员以及所有渴望创新思维、提高问题解决能力与决策能力的人员阅读与学习。

◆ 著　　　莫勇波　张李敏
责任编辑　赵　娟
责任印制　程彦红

◆ 人民邮电出版社出版发行　　北京市丰台区成寿寺路 11 号
邮编　100164　　电子邮件　315@ptpress.com.cn
网址　http://www.ptpress.com.cn
北京铭成印刷有限公司印刷

◆ 开本：700×1000　1/16
印张：15.5　　　　2015 年 2 月第 1 版
字数：219 千字　　2015 年 2 月北京第 1 次印刷

定价：39.00 元

读者服务热线：(010)81055488　印装质量热线：(010)81055316
反盗版热线：(010)81055315

序 言

1991年，领先同行技术10年的“柯达”怎么也不会想到，20年后它会被数码相机干掉；而当“索尼”还沉浸在数码领先的喜悦中时，它也突然发现，原来全世界卖照相机卖得最好的不是他，而是做手机的“诺基亚”；而当苹果进军手机市场后，手机世界老大的“诺基亚”毫无还手之力；阿里巴巴的崛起，又使得零售业巨头苏宁、国美、“李宁”黯然失色；阿里的“余额宝”4个月吸金2500亿元，并摆开了抢夺银行饭碗的架势，迫使银行及其代理人急骂“余额宝是吸血鬼”……如今阿里巴巴正式在美国上市，马云成为了中国首富……血淋淋的事实一次又一次说明了创新的重要性，只有具有创新头脑的领导者，才有可能真正适应未来的需要。

因而，在当前日新月异的时代里，要成为卓越的领导者，毫无疑问需要具有创新思维与创新能力。创新，犹如一把利剑，创新者手持此剑，披荆斩棘，方能在激烈的社会竞争中独领风骚，所向披靡。然则，创新并非一句口号，它是一种学问，一门艺术，它自有其独特的运行规律。顺规律而行，事半功倍；反之，事倍功半。这种规律，我们称之为创新密码，只有能够破译密码的人，才能打开创新之门，走向事业的巅峰。

在中国传统文化中，有一些不利于创新的元素，在一定程度上阻碍了社会创新与个人创新，作为企业团体组织的领袖人物，应当引以为戒。例如“枪打出头鸟”、“出头的椽子先烂”等表述，把创新看作一件得不偿失的事情，表面上看来似乎迎合了事物规律，实际上对实践活动存在着误导。作为数百年乃至于千年以来人生经验的总结，对创新的避让未尝不是国人趋利避害的一种选择。在农业社会里面，社会结构高度稳定，社会活动节奏缓慢，不显山露水常常会比锋芒毕露更加能够使人安身立命。当前，市场经济条件下竞争日趋激烈，不争则难有立锥之地，不变则必有衰亡之忧。

生存在现代社会，犹如逆水行舟，不进，则退；不动，则殁。

所谓狭路相逢勇者胜，现代商业竞争中，敢创新者才能生存，不创新者就会死亡；现代企业面对激烈的市场竞争，应该树立创新观念，提高创新能力。阿里巴巴，从一家小电子商务公司开始做起，不断地发展壮大成为令世人敬慕的公司，靠的就是不断创新；而当年的柯达公司，就是因为因循守旧，不及时创新、不及时推进产品的更新换代，最后成为了企业运营的反面教案。

那么，如何提高企业的创新能力呢？领导者担负着重要的责任。在一定程度上，企业的性格，其实也就是企业领导者性格的扩大化。作为企业的领袖，是否能称得上创新者，可以从三个方面来评判：创新意识、创新思维与创新实践。在当前的企业界，创新意识已经能够很好地得到宣扬，“不创新就如同等死”的观念得到很多人的认同。无论是企业领导者还是管理者，都有着强烈的创新渴求。然而，具有创新意识只是创新的开端，要进一步深入，就要强化创新思维。创新思维并非生而有之，它依赖于后天的学习和积累，而这个学习和积累的过程又是相当漫长的，有时候甚至是贯穿于人的一生，这样的速度明显不能满足我们对创新的需求。于是，专业的、集中的思维训练便成为很多有志于成为创新者的企业领袖的必修课。再者，就是创新实践，这是创新的归宿，同时也是新的创新的开始。创新实践强调人的活动，但并不意味着蛮干，真正的创新是在科学理论指导下的创新。能够正确指导创新实践的思维、方法和规律，就是我们所要学习和探索的创新密码。

如果把创新当做一门学科，那必有其原理和方法论。本书也大致按照这两个方面来展开。前三章，重在阐述创新的原理；后四章，重要介绍创新的方法论体系。在写作风格上，以案例介绍和分析为主，力求避免过多的条条框框，唯恐一些定义性的内容束缚住读者的思维；在尽可能增加可读性、趣味性的同时，把当前关于创新的理论探索推介给大家。

需要注意的是，本书的内容是开放性的，没有所谓的标准答案，也没有不可置疑的权威观点。古人云，尽信书，不如无书。读书的要诀在于进得去，出得来；学而不思则罔，思而不学则殆。本书的价值，就在于为读者日常的思考提供一个系统的思路，使之更加规范和科学。

本书收集了大量的案例素材以及引进了很多最新的创新理论，读者在本书的学习中，要善于总结和思考，形成自己独立的思想观点，并与现实的工作结合起来，应用于实践，验证于实践。

目 录

第1章　创新是否有密码　//1

一、你我身边的创新　//2

二、爱迪生遥不可及吗　//5

三、人人皆可创新　//11

四、如何找到创新密码　//14

第2章　从突破思维障碍谈起　//16

一、哪些思维阻碍我们找到创新密码　//17

1. 惯性思维：从张艺谋的失算说起　//18

2. “十大愚蠢的科技预言”透露的迷信思维　//24

3. “小心驶得万年船”吗　//27

4. “人云亦云”的从众思维　//29

5. 麻木了：国产服装企业的困境　//30

二、心态比什么都重要　//31

1. 洞悉未来——做一个未来学家 //32
2. 价值原则——有价值的创新才有意义 //34
3. 新颖实用——新的体验，新的感觉 //37
4. 简单是美——“傻瓜机”出现的道理很简单 //38
5. 接受风险——怕风险就难创新 //41
三、开发我们的左右脑 //42
1. 左脑功能的开发 //44
2. 右脑功能的开发 //46

第3章 创新密码蕴藏在这些思维里 //48

一、从鲁班造锯谈起——灵感思维不可小视 //50
二、第一张信用卡的发明——联想思维的作用 //55
三、跨越柏林墙——想象思维的妙用 //64
四、比尔·盖茨和马云——超前思维成就的创新型富翁 //70
五、未来银行账户——发散思维的种种功用 //75
六、谁都会喜新厌旧——求异思维真有用 //82
七、反其道而行之——逆向思维的功用 //86

第4章 创新密码就在你我身边（上） //93

一、类比模仿 //94
1. 动物植物都可模仿 //95
2. 拟人法——可口可乐曲线瓶的来历 //97
3. 移植领先者经验和技术 //99
二、微创新 //104

1. QQ 的微创新——系统模仿，但通过不断改进缺点达到创新 //105
2. 银行各种“宝宝”——模仿并进行本土化改造 //107
3. 乔布斯的 iPhone——系统模仿，但开发新体验 //109
4. 由 ATM 发展而来的 VTM 机——模仿但增强功能 //111
三、组合 //113
1. 谷歌眼镜组合的要素 //114
2. 未来的手机——可组合要素的选择 //116
3. 平安银行“壹钱包”——可组合元素的优化出新 //117
4. 滴滴打车——延伸出新的元素组合 //119
四、列举 //120
1. 各种各样的列举法 //120
2. 属性列举法：新型茶壶的构思 //121
3. 缺点列举法：耐克自动系带运动鞋 //123
4. 希望点列举法：“老人跌倒险”的提出 //125

第5章 创新密码就在你我身边（下） //127

一、求异 //128
1. 做别人做不到的 //128
2. 以荒唐想法为跳板的创新 //131
3. 转换视角 //133
4. 把直接改为间接 //136
二、逆向反转 //138
1. 反向法：按相反的方向操作 //138
2. 返正法：将“反”的东西“正”过来 //141
3. 调序法：颠倒操作程序 //143

4. 心理逆反：每人心里都有一只好奇宝宝 //144

5. 行为逆反：让你跌破眼镜的创新 //146

三、检核表法 //147

四、和田十二法 //152

1. 苹果土豪金的创新方法 //153

2. 渣打银行“现贷派” //155

3. 智能门铃的改良 //156

第6章 画画也能找到创新密码 //160

一、曼陀罗图法 //161

1. 曼陀罗法的创新应用 //163

2. 动动手，画个价值创意图 //168

二、莲花图法 //169

三、思维导图法 //173

1. 如何制作思维导图 //174

2. 思维导图对创新的重要作用 //177

3. 水的思维导图——如何运用思维导图发散思维并进行创新 //179

4. 马桶的思维导图——如何运用思维导图进行联想思维创新 //182

第7章 靠团队找到创新密码 //186

一、头脑风暴法 //187

1. 不许评论 //189

2. 异想天开 //191

3. 越多越好 //193

4. 试一下：未来的空调 //195

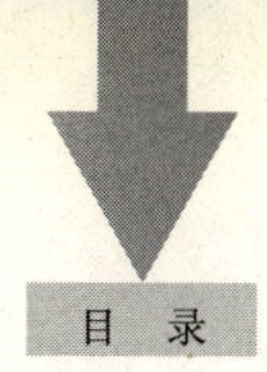

二、六顶思考帽 //196

1. 帽帽有颜色 //197

2. 帽帽有角色 //200

3. 六帽的顺序与运用 //204

4. 给些建议 //205

第8章 创新一下，效果不一样 //209

一、解决问题，你还是老方法吗 //210

1. 怎样才算是创新性解决问题 //211

2. 难创新的若干表现 //212

二、解决问题的步骤：步步为营 //213

1. 发掘问题 //214

2. 分析问题 //214

3. 提出创新方案 //219

4. 几个案例 //220

三、试错法 //229

1. 试一下，未尝不可 //229

2. 试一下，创意在其中 //231

后记 //236

第 1 章

创新是否有密码

创新就是采用一种新的产品，采用一种新的生产方法，开辟一个新的市场，掠取或控制原材料或半制成品的一种新的供应来源，实现任何一种工业的新的组织。

——创新学家熊彼特

宇宙万物存在着种种不为人知的奥秘，但人类凭借着亿万年的努力与探索，已不断地突破和掌握了越来越多可以揭开地球奥秘的密码。人类社会是在不断的创新探索中前行的。掌握人类社会奥秘的密码是推动人类社会进步的关键。

在当前的经济社会发展中，创新发明越来越多，创新步伐越来越快。然而，我们也发现，一些国家、一些人的创新发明较多，而另一些国家的创新成果却非常少，这是否代表着一些人已经掌握了创新密码，而另一些人并没有掌握呢？

答案是肯定的。创新有密码，但这个密码并不是所有人都能掌握的，需要我们付出一定的时间和努力，才有可能掌握。

一、你我身边的创新

创新，是一个很复杂的词汇。之所以说它复杂，是因为在当前社会中，它出现的频率太高，热得发烫，红得发紫；创新，是一个很简单的词汇，之所以说它简单，是因为其实理解它很容易，甚至我们可以直接望文生义：创新，就

是创造出新的东西。

创新是一个很奇妙的东西，其实它就环绕在我们身边，我们却因为太过于熟悉而将其忽略。它贯穿于我们生活的过去、现在和未来，它弥漫于世界的每一个角落。我们的衣食住行，无一不是创新的恩赐。

案例：你我身边的创新

1. 伞

据说春秋战国时期，鲁班在乡间为百姓做活，媳妇云氏每天往返送饭，遇上雨季，常常挨淋。鲁班在沿途设计建造了一些亭子，遇上下雨，便可在亭内暂避一阵。亭子虽好，总不便多设，而且春天孩儿脸，一日变三变，夏季雷阵雨，说来就来，以至“迅雷不及掩耳”。云氏突发奇想：“要是随身有个小亭子就好了。”鲁班听了媳妇的话，茅塞顿开。这位本领高强、无所不能的中国发明大王依照亭子的样子，裁了一块布，安上活动骨架，装上把儿。于是世界上第一把“伞”就这样问世了。而据《玉屑》记载，伞是鲁班的媳妇为关心终日在外劳作的丈夫而发明的。看来，若要申请专利，还是鲁班夫妇俩共享比较合理，这伞的发明，是他们夫妻恩爱、相互关心的产物，用时髦的话说，这是爱的结晶。

2. 高跟鞋

15 世纪的一位威尼斯商人经常要出门做生意，又担心妻子会外出“闯祸”。一个雨天，他走在街道上，鞋后跟沾了许多泥，因而步履艰难。商人由此受到启发，因为威尼斯是座水城，船是主要的交通工具，商人认为妻子穿上高跟鞋将无法在跳板上行走，这样就可以把她困在家里。岂料，他的妻子穿上这双鞋子，感到十分新奇，就由佣人陪伴，上船下船，到处游玩。高跟鞋使她更加婀娜多姿，追求时髦的女士争相效仿，高跟鞋很快就流行起来了。

3. 雨衣

18 世纪，在苏格兰橡胶厂的麦金托什因生活窘迫无力购买雨具，每逢雨天，只能冒雨上下班。一天，他不小心将橡胶汁沾满衣裤，怎么也擦不掉，只好穿着这身脏衣服回家。室外阴雨绵绵，麦金托什回到家却惊喜地发现，穿在里面的衣服一点没有湿，他索性将橡胶汁涂满全身衣服。这就是世界上第一件胶布雨衣。

4. 剃须刀

1828 年谢菲尔德制成一边有保护的刀片，这是安全刀片的前身。1895 年，美国一位推销员吉列偶遇发明家佩因特。佩因特希望赚大钱，想发明一种人人都需要而且一次性使用的东西。一天，吉列刮胡子，发现剃刀的刀片正适合这种构想。他设计出一种安全剃刀夹持柄，但找不到能制造薄刀片的厂家。到 1901 年，他遇见机械师卡森，才解决了技术问题，使锄形刀架与双刃可换刀片合成一体，并申请了专利。早在 1900 年，电动剃须刀已在美国获得专利，但第一种适于商业制造的电动剃须刀是由美国退役陆军上校希克设计，并于 1928 年获得专利的。

5. 镜子

我们的祖先早在 2000 多年以前就制出了精美的“透光镜”。14 世纪初，威尼斯人用锡箔和水银涂在玻璃背面制镜，照起来很清楚。现代镜子是用 1835 年德国化学家利比格发明的方法制造的，把硝酸银和还原剂混合，使硝酸银析出银，附在玻璃上。

6. 拉链

拉链是 1891 年由美国芝加哥机械师贾德森最先发明的。贾德森为了解除每天系鞋带的麻烦，就发明了一种可以代替鞋带的拉链。这种拉链是由一排钩子和一排扣眼构成，用一个铁制的滑片由下往上拉，就可使钩子与扣眼一个个依次扣紧。贾德森把样品送到 1893 年的哥伦比亚博览会上展出，得到好评，并因

此取得了专利。如今，拉链的品种不断增多，其应用不只限于日用品，而且已进入科研、医疗、军事等领域，被誉为 20 世纪科技界的十大发明之一。

……

案例分析：

上述的创新都发生在你我身边，而且被广泛应用于生活之中，与我们的生活息息相关。其创新发明的方法与原理非常简单，即模仿、组合、借用等。创新可以发生在你我身边，更可以发生在你我手上。创新的密码其实也可以很简单，关键是我们要认真学习，留意生活中的细节，创新就会变得很容易。

创新，并不是科学家的专利，即便是在平凡岗位上的人，也一样可以有非常了不起的发明。作为普通人，不一定要依靠极度简陋的条件去制造飞机坦克，但是，运用我们的聪明才智，掌握一定的创新方法，来解决我们生活、工作中的种种难题，或者再进一步，利用创新的思维方法，创造更多的社会财富和个人财富，何乐而不为呢？

人们每天的吃穿用度，衣食住行，都存在着无数的创新机会与空间，不管你想或者不想，见或者不见，它都在那里。你认真去思考它、发现它，那它就会向你展示它的踪迹；你如果浑浑噩噩，不懂观察，那就很难发现它的存在。

正如罗兰所言：世上并不缺少美，只是缺少发现美的眼睛。同样，世上并不缺少创新的机会，只是缺少发现机会的眼睛。

二、爱迪生遥不可及吗

托马斯 · 阿尔瓦 · 爱迪生（英文名：Thomas Alva Edison，1847—1931），

图 1-1　爱迪生

如图 1-1 所示，世界著名的发明家、物理学家、企业家，拥有众多知名且重要的发明专利，被媒体授予“门洛帕克奇才”的称号。他是人类历史上第一个使用大量生产原则和电气工程研究的实验室进行发明而对世界产生重大深远影响的人。

爱迪生拥有超过 2000 项发明，包括对世界有极大影响的留声机、电影摄影机、钨丝灯泡等。在美国，爱迪生名下拥有 1093 项专利，而他在英国、法国、德国等地的专利数累计超过 1500 项。爱迪生的四大发明：留声机、电灯、电力系统和有声电影，丰富和改善了人类的文明生活。

以上内容是百度词条中对爱迪生一生成就的描述。

纵观爱迪生一生的成就，旁人的确难以企及，难道爱迪生真的遥不可及吗？

只要我们看看爱迪生的经历，就可以发现，爱迪生其实也是一个非常普通的人，学历只有小学三年级，小学时被老师斥为“低能儿”而被撵出校门（因“愚钝糊涂”被勒令退学了），21 岁以前经常被“炒鱿鱼”，有时有点固执……这些都显示了爱迪生只不过是一个普通的年轻人。可见帮助爱迪生产生伟大成就的并不是超高的智力。

毫无疑问的是，爱迪生的成功与他对什么事物都保持好奇心、积极探索、坚持不懈密切相关。更重要的是，爱迪生掌握了常人所没有掌握的创新方法——创新密码，这是他成功的关键所在。

每个人都可以成为爱迪生。因为每个人在很小的时候，都可能会对某一个小小的玩具感到兴趣，然后会把它拆开进行探索，我们当中也有很多人能够做到坚持不懈，积极探索。这里的关键就是要学习和掌握创新的方法与密码。

案例：当代中国的四大发明

当代中国人不可不知新中国的“四大发明”，这是中国人的骄傲“复方蒿甲醚”、“杂交水稻”、“汉字激光照排”和“人工合成牛胰岛素”，同列为中国当代“新四大发明”，对世界有着突出的贡献。

其中，中科院上海药物研究所研究员李英通过改造青蒿素分子结构，创造出了抗疟功效更好的蒿甲醚，如图 1-2 所示。蒿甲醚不但抗疟效果高于青蒿素，而且油溶性很大，可以制成针剂，对抢救危重疟疾病人非常有利。最为关键的是，青蒿素类抗疟药价格低，治愈了几亿患者，为国家带来荣誉，帮助世界民众尤其是穷人抵御疟疾，维护了人类健康。

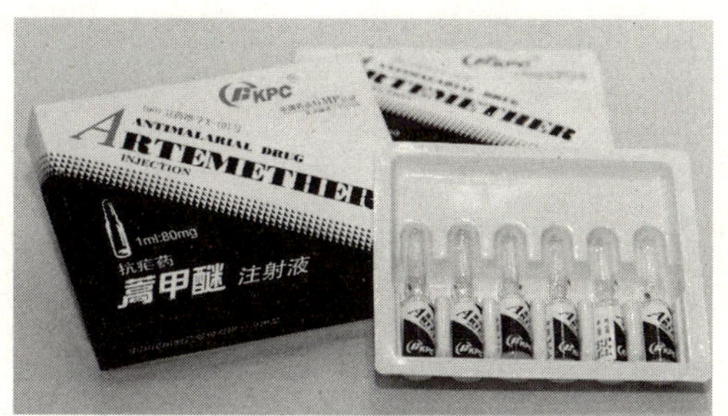

图 1-2　蒿甲醚

案例分析：

有人认为，中国当前的教育体制扼杀了人们的创新动力。这可能有一定的道理，但事实也证明，只要加强研究，我们也可以有大量的创新发明。当前中国已进入了一个创新加速时代，创新环境更加宽松，人们的创新热情被激发，只要掌握一定的创新密码，创新就会变得越来越容易，创新就会越来越多。

当前人们的创新领域得到了大大拓展，创新成果也日益在横向和纵向上得到发展，创新可以发生在人们生产生活中的任一个方面，下面的案例展现了一个与人们生活息息相关而丰富多彩的创新领域。

案例：人人都可进行创新

1. 1948 年，瑞士人乔治从外面散步回家，发现自己裤腿上粘满了一种草籽，粘得很牢，要花一定功夫才能把草籽拉下来。乔治感到很奇怪，他用放大镜仔细观察这种草籽。终于发现，草籽有一种钩，他突然想：如果采用这两种形状的结构不就可以发明一个搭扣吗？8 年后，世界上第一个尼龙搭扣在梅斯特拉尔手上诞生，这就是今天广泛用的尼龙搭扣，如图 1-3 所示。

2. 海底捞火锅店经常顾客盈门，人太多，在付帐买单时往往要等上好一会儿，有些顾客会不耐烦。海底捞为此专门采用了微信支付系统，如图 1-4 所示，顾客饭后只需用微信支付款项即可，既方便了顾客，又给大家带来了新的体验。

图 1-3　尼龙搭扣

图 1-4　海底捞微信支付

3. 每年的“双十一”是单身男女的节日，这与商业本没有什么关联。然而，阿里巴巴却把这一纯粹属于“光棍”的日子办成了购物狂欢节，如图 1-5 所示，经过事先的精心策划、宣传、打造等措施，“双十一”已浑然变成了“购物节”。2013 年“双十一”这一天，阿里旗下的天猫平台的支付宝成交金额高达 350.19 亿元。美国媒体感叹中国的“双十一”一天的销售规模已经赶超美国两大网上购物日，预计电子商务将助力中国在 2015 年成为全球最大的零售市场。

4. 20 世纪初，可口可乐饮料一直没有找到合适用的瓶子，1898 年鲁特玻璃公司一位年轻的工人亚历山大・山姆森在同女友约会时，发现女友臀部突出，腰部和腿部纤细，非常好看，他突发灵感，根据女友的形象设计出一个玻璃瓶，并立即到专利局申请专利。这一款瓶子受到广泛好评，最后可口可乐公司以 600 万美元的天价买下此专利。此后，采用山姆森玻璃瓶作为包装的可口可乐开始畅销美国，并迅速风靡世界，如图 1-6 所示。

图 1-5 “双十一”购物节宣传

图 1-6　可口可乐包装造型

5. 贺亮才是一名来自湖南的农民，一次外出旅游，在旅途中提着行李箱很是疲惫，他突发奇想：要是发明还能载人的行李箱就好了。不久后，贺亮才发明了一个“载人旅行箱”又叫“城市小车”，这是一种多功能旅行箱，可以载人，最高时速每小时 20 公里，导航、防盗、存物、载人等功能一应俱全，如图 1-7 所示。

图 1-7　贺亮才和他的载人旅行箱

6. 蓝牙技术已广泛应用于各种生活领域。有人将蓝牙技术与音箱连接起来，于是就有了蓝牙音箱的诞生。蓝牙音箱指的是内置蓝牙芯片，以蓝牙连接取代传统线材连接的音响设备，通过与手机、平板电脑和笔记本等蓝牙播放设备连接，达到方便快捷的目的，如图 1-8 所示。蓝牙技术不仅仅运用于电脑，像移动电话、数字相机、摄像机、打印机、传真机、家电等许许多多电子设备都可以采用蓝牙技术，实现无线连通，而不必拖一条尾巴（连接线）。

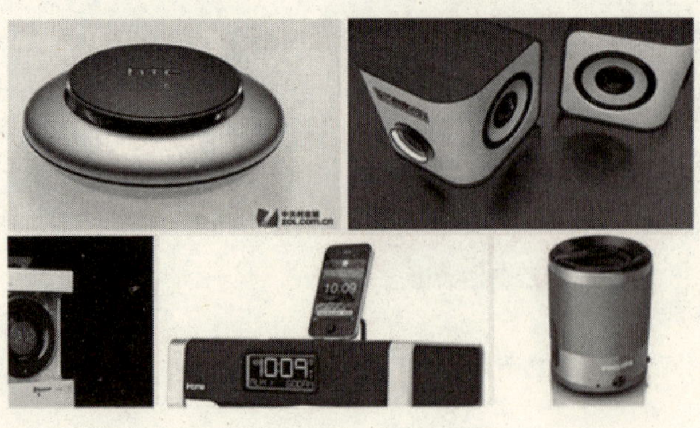

图 1-8　蓝牙音箱

案例分析：

上述的创新都发生在普通人手上，他们不是爱迪生，但他们却做着与爱迪生同样的事情——创新发明。事实一再证明，只要我们保持探索的好奇心、坚持不懈地进行探索，我们一定也能做到爱迪生做到的，我们中也可以产生千万个爱迪生。

当前有太多的人可以被称为“爱迪生”。

撰写《哈利波特》的 J. K 罗琳，你可以认为她是文学领域的“爱迪生”，她用她无穷的想象力，给我们构建了一个全新的魔法世界；

著作等身的季羡林，你可以认为他是学术领域的“爱迪生”，他用丰富的知识积累和严谨的治学态度，给我们还原了数千年前的历史；

哪怕是成就了千万淘宝卖家的马云，你也可以认为他是经济领域的“爱迪生”，他对中国人经济生活的改变，同样值得人们尊重和称颂……

创新无止境，不分领域，同样地，也不用过于拘泥于大小。只要你创造出新生的事物并且有益于社会的发展进步，有益于个人的合理发展，那么你就可以当上一回“爱迪生”。

三、人人皆可创新

创新从来就不是某些人的特权，在创新面前，人人平等。创新并不会因为人的经济地位、年龄性别、国度民族而有所歧视。或者有些人会说，物质条件好的人，创新的条件也会好很多，这种观点有一定的道理，诚然，任何创新，都不会仅仅是思维的游戏，思维只是创新的一个起点，创新最重要要落到实处，需要客观物质条件的支撑。从这一点来说，创新是不公平的，因为人与人之间的物质条件必然会有差别；但是，幸运的是，创新的形式和方式是多元的，它的资源是如此丰富，以至于我们每个人——只要你愿意，都可以享受到创新的乐趣。

案例：家庭主妇发明花罐头，获利两千万日元

发明“花罐头”的人是日本的一个家庭主妇，叫富田惠子。有一天，她的一位邻居去欧洲度假，临走时，把家中的几盆花托她代养。由于没有养花经验，浇水施肥又不得法，这几盆花竟落得枝枯花零的下场！

“怎样才能使外行也能养好花呢？”这个想法一直在她脑海中萦绕着。一天，她忽然想到能否把花草和罐头结合在一起呢？“如有可能，就好了，就像吃罐头一样，只要打开了放有泥土、花籽和肥料的罐头，每天只要往里浇点水，外行也能种出鲜艳的花朵，那该有多好啊！”

苍天不负有心人，在她丈夫的帮助下，富田惠子终于实现了这个愿望。她按严格的配方比例，在罐头里添装了复合肥料、泥土和种子，然后再密封、销售，如图 1-9 所示。

图 1-9　花罐头

由于任何人都能靠浇浇水种好这种花，所以产品销路很好，成了热门货。当年，她就获利两千万日元，由一个家庭妇女一跃成为令人羡慕的企业家。

案例分析：

一个普通的家庭主妇都可以在日常生活中发明这种可以简单种花的花罐头并因此获利两千万日元，说明一个道理：普通人也可以创新，人人皆可创新。创新并不与人的智力有必然的关联！

日本在第二次世界大战结束后的迅速崛起，有其强大的文化逻辑——比如对创新的宣扬。日本文化里面，平凡人创新创业的故事被广为传播，整个社会被一个个创新故事快速动员起来，形成巨大的文化氛围，大量的案例被深度挖掘、研究，并成为指导生活与工作的样本。

花罐头的发明故事，仅仅是其中一个很不起眼的小案例，我们更应该重视的，是日本人对这一类小故事的广泛宣扬。其实在我们国家，类似的故事绝不在少数，但是我们可以寻找到的材料却是相当少，很多具有发明天才的中国人，往往都在历史中泯没了。我们国家在改革开放之后取得了巨大的历史成就。但是，在这一历史过程中，无数的创业者、创新者推动着历史车轮往前滚动，却没有留下他们本应留下的名字。

在我国，事实上也有大量的创新都是由普通人提出的，如前面提到的农民贺亮才发明载人旅行箱，济南三中高三20班学生冯冲发明“防盗钱包”，杭州艮山中学高二学生吴晶发明“无污染鞭炮”，成都第五中学蔡为立等三名学生发明“注水肉测试器”，四川自贡一名学生发明“007太阳能自动跟踪接收器”，深圳实验中学高二学生马启程发明“脚用鼠标”，上海位育初级中学初三学生慎悦发明“新型节能锅”，等等。

上面列举的都是平凡的英雄，专利有时候并没有马上转化为财富，这可能与专利的保护及创新成果向商业转化不佳有关，但这并不能扼杀平凡人所具有的创新能力。

案例：70 岁老人发明月球仪，获利 1400 多万英镑

70 岁高龄的英国老人亚瑟 • 华特逊，自退休后便没有什么事情可做，每天就待在家中看看电视、报纸，偶尔饮点酒消磨时光。有一天，亚瑟从电视上看到介绍月球探险的情景，节目主持人将绘有月球地形的地图摊开，滔滔不绝地逐一加以说明。亚瑟感到很好奇，第二天他到商店想买一个月球仪，但售货员告诉他没有月球仪，为什么有地球仪而没有月球仪呢？闲得无聊的亚瑟当即便想自己试着做月球仪，他考虑到地球仪有人用，月球仪也一定有人需要。说做就做，亚瑟开始动手并很快就做出了月球仪，并申请了专利，同时在报纸、杂志、电视上刊出了广告，世界各地的订单络绎不绝，亚瑟一年的营业额高达 1400 多万英镑，如图 1-10 所示。无独有偶，在中国，辽宁省辽阳县的物理老师刘明晶也发明了立体的月球仪，这个月球仪标有 1089 个国际天文学联合会确认的地标，这在国内尚属首创。

图 1-10 月球仪

案例分析：

一位退休老人都可以由于对新鲜事物保持好奇心而进行创新并因此获得巨利，何况是我们年轻人呢？年轻人对事物更敏感、更有精力、更有时间，只要愿意进行创新探索，掌握一定的创新方法，创新就会在我们身上发生。

事实上，人人皆可创新。人们的创新力并不等同于智力。智力高的人如果不锐意创新，其创新力并不会高；而智力一般的人，如果具有创造性（即具有创新精神、创新思维和创新方法），其创造性可以很高。下面有两个公式。

创造力 = 智力 + 创造性

创造性 = 创新精神 + 创新思维 + 创新方法

很多伟大的发明家，其本身的智力也与普通人无异，如表 1-1 所示。

表 1-1 伟大发明家的“学历”与贡献

李时珍	落第书生	药物学家
李春	石匠	设计了赵州桥
斯蒂芬森	放牛娃	发明了火车
瓦特	工人	发明了蒸汽机
爱迪生	小学三个月	近2000多项发明
莫兹利	铁匠	发明了车床
莱特兄弟	小学没毕业	发明了飞机
齐奥尔科夫斯基	中学	提出了现代航天学和火箭理论

事实证明，任何一个平凡的人，都可以通过学习探索提高自身的创造力，实现创新梦。

四、如何找到创新密码

很多人觉得，创新哪有什么密码？纯粹是灵机一动的事情！

真的如此吗？创新真的都是瞎猫碰上死耗子吗？

也有些人觉得，创新是那些脑子好使的人才能做到的事情，爹妈给的脑袋不好用，所以自己与创新这码子事根本是绝缘的！

真的是如此吗？创新真的都是高智商者特有的专利吗？

答案自然是否定的。

任何的创造发明、创新革命，都有其背后的逻辑可循。创新不同于买彩票——后者是个概率问题，没有技巧可言，你所能选择的，只是买或者不买，买多或者买少。创新有时候表现为科学性，它设计的领域包括心理学、管理学等，具备着系统理性的特点；创新有时候表现为艺术性，它可以展现出各种各样的

美感，具备着部分感性的特点。

很多创新事件的发生，其表现是偶然的，其背后的逻辑却是必然的。我们要寻找创新密码，就是要拨开层层的迷雾，在众多表象中发现、思考其内在的本质，其稳定的规律。

寻找创新密码，就如同在亚马逊热带雨林中寻找宝藏（创新成果）。首先，你要有一张思维地图，需要认识各种人类创新思维及其特点，从思想上树立创新思维，然后才能动身出发（本书第 3 章会详细介绍创新思维）；其次，在这个思维地图中，标示了各种你在寻宝之旅中可能出现的各种各样的思维上的障碍，你必须要绕开它们（本书第 2 章会详细介绍阻碍创新的思维）；再次，你要知道，找到找宝藏（创新成果）的密码绝对不止一组，你必须事先认真学习并掌握这些密码技巧，并能够在身处充满陷阱的热带雨林中熟练地运用这些技巧与方法寻找宝藏，你要用智慧的眼睛透过表层的伪装，分析和整理大量的情报，然后找到你想要的创新宝藏（本书第 4 章会详细介绍常用性创新密码）；其四，你要去寻宝，就必须要有地图，但原始的地图是粗线条的，你必须学会根据地形地貌绘制地图，并将之应用到寻宝中来（本书第 5 章会详细介绍图形化创新密码）；其五，如果你的寻宝之旅不是孤身前往，而是带上了一帮小伙伴，那么你就可以借助大众的力量加速寻宝，你就可能更快地找到宝藏，但你必须掌握利用大众的团体性创新密码（本书第 6 章会详细介绍团队性创新密码）；最后，自然是实际应用的问题了，当你做好了各种准备，游弋穿梭于创新的寻宝之旅的时候，一个个具体的难题会等着你去解决。

第 2 章

从突破思维障碍谈起

一个人想做点事业，非得走自己的路，最关键的是你会不会自己提出问题，能正确地提出问题就迈出了创新的第一步。

——李政道

创新的重要性不言而喻。在当代社会，“创新”随处可见。报纸上的新闻、电视上的访谈、网络上的帖子，无时无刻不在讨论着创新的重要性。生活在现在这个世界，如果不懂创新，就等于放弃了主动权，只能等待束手就擒。思维创新作为创新实践的起点，是我们首先要了解的内容。在这一章里，我们将具体认识我们思维的误区，从而让我们在寻找创新密码的旅程中，少走一些弯路。

一、哪些思维阻碍我们找到创新密码

时下流行一句话，叫“你永远无法叫醒一个沉睡的人”，这句话的内在含义比其表面的文字理解要深刻得多。其具体的含义我们无需在这里展开论述，但是我们可以联想到：“你很难叫醒一个思维被固化的人。”

我们的思维是一个很奇妙的东西，它一方面帮助你去认识事物，做对事情；另一方面又妨碍你认识事物，做错事情。一旦人们被某种思维类型所束缚，他们往往是不撞南墙不回头，甚至于头破血流也在所不惜——这种勇气是值得称道的，但是这种做法却让人颇为惋惜。

固化的思维犹如毒品，会让人无法摆脱对它的依赖，依靠自身的认识能力去克服这种思维的定势，往往是困难的。因此，最好的解决方法是，在思维定势形成之前，我们就对其保持高度的警惕。当然，对于这些思维的弊病，首先还是要认清它们的本来面目，就好像我们对待毒品，了解其类型，明确其危害，才能让自己真正走出其肆虐的空间。

现实生活里由种种常规、习惯、表面含义带来的限制往往使人对于现状束手无策。我们在习惯的作用下常常忘记前人“路是人走出来的”的教训，而变得裹足不前，这些限制就是束缚住思维创新的障碍。只有先认清这些障碍，我们才能做到知己知彼，从而在创新的过程中顺利绕开它们，如图 2-1 所示。

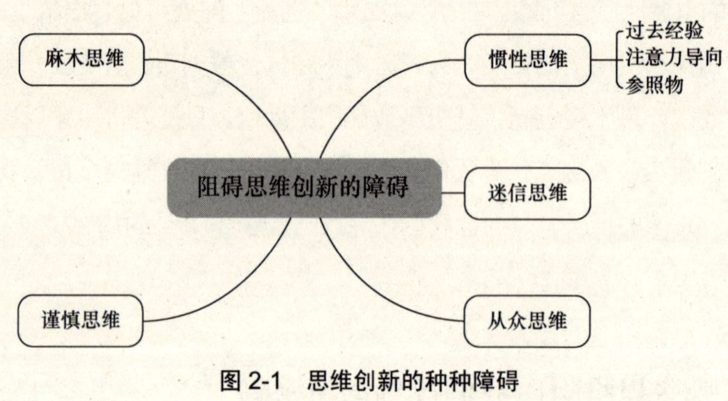

图 2-1　思维创新的种种障碍

1. 惯性思维：从张艺谋的失算说起

物体有惯性，思维也具有惯性。物体的惯性是指一种抵抗的现象，它使物体保持现有的状态，不论是静止状态，还是匀速直线运动状态。同理，惯性思维（Inertial Thinking）指人们在习惯了某种认知与思考方式后，对于任何事物都人为习惯性地因循以前的思路思考问题，就像物体运动的惯性。当人们习惯于某一种思维惯性后，就会习惯性地按照这种思维惯性来行事，不能突破成见，看到事物的其他细节，从而造成钻死胡同的局面。以下就是没有突破惯性思维造成的失败案例。

案例：张艺谋的“失算”

自《英雄》以来，中国电影进入大片时代。高投入、大制作、大阵容带来高票房？成为中国电影的盈利模式，但是这些大片往往取材古代军事题材，重场面轻故事，大搞所谓的“大制作”“大场面”。人称“电影国师”的张艺谋，在 2011 年依旧遵照大片模式炮制出“战争史诗”《金陵十三钗》，如图 2-2 所示，影片投资高达 6 亿元人民币，加上其他支出，实际上需达到 13 亿元的票房才能收回投资。然而，在经历了两三年的大片热潮之后，消费者开始感到审美疲劳，大片票房逐渐疲软，虽然影片宣传铺天盖地，但票房不佳，最后国内票房总数只勉强达到 5 亿元左右，最终惨淡收场。

图 2-2 《金陵十三钗》

案例分析：

张艺谋对怎样拍电影自然是得心应手，经验丰富。也正是过去的经验告诉他只要遵照此前的成功模式，就可以顺风顺水。殊不知，观众本身是一个变化的群体，其审美和需求在几年间已经发生了巨大变化。在节日档期，轻松幽默的电影变得更能抓住商机。其实张艺谋和他的团队也并非不知道这种趋势的存在，但最终他还是无法打破惯性思维，票房的惨淡自然是情理之中。

反过来，打破惯性思维，往往能产生意想不到的效果。2013 年的贺岁档，《泰囧》成为最大黑马，这部小成本电影因为其温馨幽默的内容征服了观众，票房突破 10 亿元，秒杀众多大片。这就是打破惯性的奇迹。

不只是电影业需要打破惯性思维，任何事物都要与惯性思维说“再见”。

惯性思维在日常生活中有多种表现形式，通常来说，包括以下三种类型。

（1）过去经验

“经验”二字表示人从实践中得来的知识或技能。这些知识或者技能往往能帮助人在面对新的实践情况时作出判断并解决问题。然而，现实生活总是千变万化，过去通过实践获得的经验既然是过去的，那么在面对新情况时常常会有遇到用经验无法解决的问题。这时候如果一直拘泥于过去的经验中，不对现实做出新的合理的判断，那么创新自然就无从谈起。过去经验可以说是最典型的一种惯性思维，要突破它，就必须勇敢地和自己过去所积攒的经验说再见，不能因循守旧，受困其中。

典故：

《三国演义》中，曹魏派司马懿挂帅进攻蜀国街亭，诸葛亮派马谡驻守失败。司马懿率兵乘胜直逼西城，诸葛亮无兵迎敌，但沉着镇定，大开城门，自己在城楼上弹琴唱曲。司马懿怀疑设有埋伏，引兵退去。后人将此计谋称为“空城计”。

注解：

司马懿父子被空城计所蒙蔽，正是他们惯性思维作祟的结果。相反，诸葛亮就是看准了司马懿父子受困于惯性思维，知道他们看到城门打开一定会顺势认为诸葛亮拥兵众多，因此不敢轻举妄动。可以说，这是诸葛亮对惯性思维的反利用。

案例：手机巨头诺基亚的衰落

诺基亚是芬兰手机品牌，是主要从事移动通信产品生产的跨国公司。由于专注于传统功能手机产业的研发，诺基亚功能手机在当时具有极佳的用户品牌效应。自1996年以来，诺基亚连续14年占据市场份额第一，遥遥领先其他手机品牌，风头一时无二。

但是好景不长。智能手机操作系统开始崛起，并迅速抢占诺基亚的已有市场。但面对新的形势，诺基亚没有及时调整战略，尽管不断更新自己的塞班系统，但是显然已经完全无法和市场主流的手机操作系统抗衡。于是诺基亚全球手机销量第一的地位在2011年第二季被苹果及三星双双超越。

案例分析：

这可以说是过去经验阻碍企业创新求变的典型例子。诺基亚手机的确曾有过一段无比辉煌的时期，它生产的功能手机以实用、耐用广受好评，一直到现在还为人津津乐道。也许是这样的辉煌带给诺基亚公司只要做好功能手机就能持续兴盛的经验，此后诺基亚数次推出新手机新系统，也都没有尝试走出传统功能手机的圈子。

诺基亚没有意识到的问题是，手机不管变不变，消费者一定会变。社会经济在日新月异之下，消费者不可能一直满足于同一种类型的产品。当过去的经验已经无法对现在和未来的新情况带来帮助时，就应该勇敢地抛弃这种经验，探索新的道路。但是很可惜的是，诺基亚一直固守着它过去十几年辉煌时代时的模式，而新型崛起的对手们则快速突破，纷纷抢占市场。直到大敌当前、兵临城下，诺基亚才尝试推出 Windows Phone 等新系统，无奈为时晚矣。现在的诺基亚要想重现当年的辉煌，几乎没有可能，如图 2-3 所示。

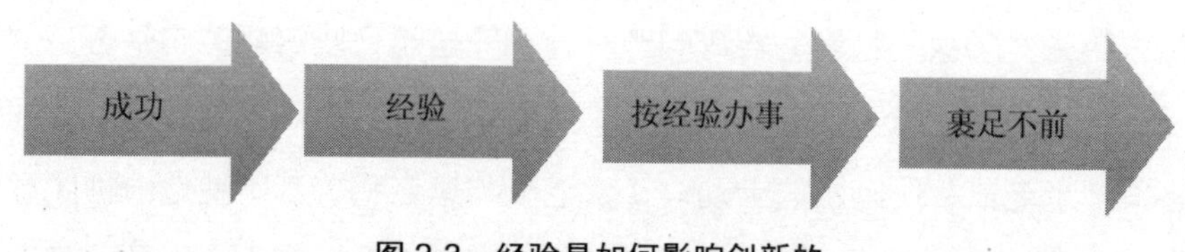

图 2-3　经验是如何影响创新的

（2）注意力导向

一个人的注意力是一个集中于某一个方面的心思。也就是说，注意力是有方向的，这个方向经常受到某些暗示的引导，这便是注意力导向。当导向是对的，自然容易找到解决问题的办法，但是当导向本身是错误的，好比一块错误的指路牌，那么不管我们怎么走都走不出思维的迷宫。

案例：新浪微博的没落

2010～2011年，新浪微博迎来了自己的巅峰期，注册用户数量不断攀升，成为国内社交网络第一平台。新浪微博的火爆是通过它开放、亲民、便捷等功能特质实现的。但是2011年之后，新浪微博却忽视了用户群体大量发展后带来的诸多问题，例如假新闻假消息盛行、用户隐私遭到泄露等。此时的新浪微博一直致力于新功能的开发，如悄悄关注等。新功能虽然受到好评，但是因为旧问题一直没有解决，大量用户开始转向更注重互动和隐私的微信。社交网络第一平台也就此转手给了微信。

案例分析：

微博一开始靠功能取胜，于是之后也一直专注于新功能的开发。所以就出现了注意力导向产生偏差的问题。当用户数量大增时，就一定会有新问题出现，此时新浪应该注重精益求精，向前的同时要把老问题解决好。但是新浪没能在关键时候转回自己的注意力，随即被微信超越。

我们在回答“用两条腿走路的老鼠是米老鼠，那么用两条腿走路的鸭子是什么鸭子？”这一脑筋急转弯问题时，一开始跳入脑海的答案是否是“唐老鸭”？这就是注意力导向对人的影响的体现。在这个问答里，第一个问题的答案“米老鼠”所暗示的卡通片《米老鼠与唐老鸭》其实就是一种注意力导向。它引导回答者的注意力往《米老鼠与唐老鸭》上集中，于是回答者甚至忽略了真实的情况，从而脱口而出只有唐老鸭是用两条腿走路的。其实只要回答者稍微冷静一下，就能立刻发现问题的破绽“所有鸭子都用两条腿走路”，但是其实很少有人能够做到。这就是注意力导向的威力。所以，当我们沉浸于自己的思考中却百思不得其解时，不妨往回看看自己是不是一开始就受到了某种错误的注意力导向的影响。也许换个角度想问题，迷宫的出口就在眼前了。

（3）参照物

参照物其实是一个物理意义上的概念，它是用来判断另一个物体是否运动的物体，因为物体不论运动还是静止，都是相对于另一个物体而言的。把这个意义延伸开来，日常生活也有各种参照物。比如说我们要在墙上挂一幅画，这时候我们需要一条水平的线来确保画挂得正，这条线便是一个参照物。思考问题时我们要需要一个用来帮助判断与参考的参照物。参照物选得好不好，其实很重要。

案例：亚细亚的兴与衰

曾经作为中国商战的一面旗帜，20 世纪 90 年代初“亚细亚”在中国商业领域创造了无数个第一，“亚细亚”的商标和品牌风靡一时，妇孺皆知。但由于经营管理不善，“亚细亚”的辉煌没能续写下去。随后的长达数十年的时间里，“亚细亚”归于沉寂。2001 年 10 月 14 日，郑州亚细亚五彩购物广场被河南建业住宅集团有限公司以 2.3 亿元买下整体产权。中国零售业最耀眼的明星——亚细亚就此陨落。

后人把亚细亚作为企业发展案例研究的时候发现，亚细亚的成与败，都与其奉为老师的日本百货企业八佰伴命运相连。亚细亚把日本的八佰伴当作对手，又视为老师，亚西亚的成功，某种程度上是复制了八佰伴众多优秀基因的缘故。八佰伴宣称要在 2000 年前在中国开设 1000 家分店，也成为亚细亚加快连锁经营步伐和全国开花的决策思路。亚细亚在自身基本不具备条件的情况下，靠一股气在全国发展连锁店。同时，亚细亚在外省开店时，几乎每家店全是自己建店，导致资金占压、不良贷款增多。结果是搞一家赔一家，最终拖垮了总店。

案例分析：

亚细亚曾经号称要做中国的八佰伴，结果它“成功”了，因为当它朝着它的标杆企业逐步迈进的时候，它的老师，日本八佰伴破产了。所有复制过来的扩张策略最后成为毁灭亚细亚的推手。所以，企业在发展的过程中，一定要突破参照物思维，不仅要把佼佼者的本领学到手，还要正确地把自己与对方区别开来，甚至要超越对方。参照物思维与跟随战略不一样，参照物思维是将自身的发展局限于被学习者的条件范围之内，而跟随战略则是在学习引领者的同时，等待机遇，避开其发展误区，从而实现某种程度上的超越。

参照物思维随处可见，我们在思考问题时也会有自己的参照物，只是有时候我们自己没有察觉而已。比如，父母鼓励小孩要上进，常说不能总跟成绩差的同学比，要跟那些成绩好的同学比。这就是一个父母给小孩指定正确的参照物的典型例子。当小孩以成绩优秀的同学为参照物，他们更容易发现自己的不足，从而更加努力。所以，我们总是会在思考时给自己找个参照物。如果参照物选错了，就容易造成目标的错误，进而走进思维的误区。

2.“十大愚蠢的科技预言”透露的迷信思维

迷信思维指的并非是对神灵鬼怪的迷信，而是对于所谓权威、专家、教条、课本等不假思考地全盘肯定，即使其中有错误的地方也从不加以质疑。对他人的偏听偏信本质上是对自己的不自信，因此需要通过对外界权威的追随来使自己获得安全感。现实生活里某些商家和企业很喜欢利用人的迷信思维为自己进行宣传营销。比如随处可见的明星广告与专业机构认证。但是对一个要力求创新的人来说，迷信思维则是要不得的。

典故：

少年孟子家住坟墓附近，于是孟子常学人办丧事玩。孟母见此情景，认为这里不合适儿子，于是就带着孟子搬家到市场附近。孟子又玩起了学商人买卖的游戏。孟母觉得这里也不适合儿子，于是又搬迁到书院旁边住下来。孟子以进退朝堂的规矩作为自己的游戏。此时，孟母说：“这正是适合安顿我儿子的地方。”于是就定居下来了。等到孟子长大了，学成了六艺（礼、乐、射、御、书、数），最终成为了圣贤。

案例：十大愚蠢的科技预言

国外媒体曾评出十大愚蠢的科技预言。这些预言曾经无比肯定地对未来生活地某些方面提出了预测，而后来的事实又证明这些预言都只是无稽之谈。这十条预言如下。

“电话”有太多缺陷，不能被视为一种通信工具。

——美国西部联合电报公司内部备忘录，1876 年

我认为全球计算机市场的规模是 5 台。——托马斯·沃森（Thomas Watson），IBM 董事长，1943 年；全球复印机市场的规模至多为 5000 台。

——IBM 高管致施乐创始人信函，1959 年

ENIAC 拥有 18000 个真空管，重达 30 吨；未来的计算机也许只需要 1000 个真空管，重量可能为 1.5 吨。

——《大众机械》（Popular Mechanics），1949 年 3 月

我告诉你们，卡带式录像机之于美国电影产业和公众，就相当于波士顿杀人狂之于单独在家的妇女。

——杰克·瓦伦蒂（Jack Valenti），美国电影协会主席，众议院证词，1982 年

不要出售你们持有的煤气公司股份。电力照明没有未来。

——约翰·亨利·派珀（John Henry Pepper），维多利亚时代著名科学家，1870 年

电视机在 6 个月后就难以守住它开拓的任何市场，人们将很快对每晚盯着一个胶合板盒子感到厌烦。

——达利·扎努克（Darryl Zanuck），20 世纪福克斯公司制片人，1946 年

电视的问题是人们不得不盯着一个屏幕看，而普通美国人没有时间做这件事。

——《纽约时报》，1939 年

以订阅模式购买音乐会导致破产。我认为你可以将《Second Coming》这首歌纳入订阅模式，但这有可能失败。

——史蒂夫 · 乔布斯，苹果 CEO，《滚石》杂志，2003 年 12 月 3 日

飞机是有趣的玩具，但不具备军事价值。

——费迪南德 · 福煦（Ferdinand Foch）元帅，法国高级军事学院战略学教授

无线音乐盒不具备可以想见的商业价值，谁会为一段不针对任何人特别送出的信息而付费呢？

——大卫沙诺夫公司（Associates of David Sarnoff）回信答复投资无线电的问题，1921 年

令人惊讶的是，这些愚蠢的科技预言大多出自于各个行业的权威人物之口。这些权威人物的预言在当时也许听起来极具说服力，也曾被很多人追随推崇，但只有事实自己才能证明最终结果是怎样。

案例分析：

某些业界权威所说的话常常会受到许多人的追捧，并奉为行动指南。但是尽管他们曾经在某些领域取得过巨大的成就，却并不代表他们不会犯错误，甚至有些时候，他们往往会被自己巨大的成功所蒙蔽，反而失去对事物应有的判断力。

在生活和工作中，我们常常因为未知而恐惧，因为未来的不可预测而显得无所适从。所以在很大程度上，我们需要权威人物来给我们做出指引，这是现实的需要，也是为何迷信思维大行其道的内在原因之一。但是，我们不可能只生活在伟大人物的背影之下，我们需要独立地思考，需要创新的想法，需要向权威说“不”。最愚蠢的做法，莫过于用别人的错误来惩罚自己。

案例：郑人买履

春秋战国时代有一个郑国人要去买鞋，于是先用绳子比划好自己脚的大小，准备等会儿在鞋店用这根绳子来试鞋子的尺寸。可到了鞋店却发现忘带了，于是他又急急忙忙跑回家去，等拿了绳子回来集市却都散了。旁人问他为何不直

接用自己的脚去试鞋，他回答说自己宁可相信绳子也不相信脚。

案例分析：

后人常用上述这个故事来讽刺那些迷信教条的人。郑人犯的最大错误就在于他把“买鞋”这件本可以由自己的脚实际考量的事情交给那根绳子，绳子在这里就成了一种权威。古人用这种幽默的方式讽刺了那些有迷信思维的人。

即使到了今天，迷信思维也依然存在。以前电视上所有的牙膏广告都会打上“中国牙防组认证”的标志，似乎只有这样才能证明牙膏的质量。但是从来都没人追究过这个“牙防组”究竟是什么组织，是否具有认证资格。直到这两年，通过媒体报道，我们才知道原来牙防组并非专业机构，他们没有任何资格提供关于牙膏的检验认证。

要打破迷信思维，就应该敢于质疑权威。不能过分相信他人，但要坚定相信自己。2004 年雅典奥运会之前，运动界的专家认定黄种人的身体条件决定了他们无法在短距离田径项目上取得突破，但是随后刘翔横空出世打破了这种权威。类似的例子俯拾皆是。它们都告诉我们，其实权威存在的意义就是等着后人通过自身努力来打破。只有突破迷信思维，才能跨过创新的那道坎。

3.“小心驶得万年船”吗

所谓“小心驶得万年船”就是指谨慎思维，是指对外界或者自己的言行都保持小心仔细的态度，以免出现差错。这在日常生活中是一种很有用的态度，常言道“小心驶得万年船”，谨慎的态度可以帮助人及时规避风险，保持稳定。但是每当你需要突破时，谨慎往往就会成为你的羁绊。凡事都应该有个度，谨慎也是如此。过分的谨慎会让人惶惶不可终日，无法鼓起勇气跨过眼前的障碍。须知机遇伴随风险，要把握机遇就必然会有风险。是否要冒险则应该根据形势冷静理智地思考，而不能一味只求安稳，畏手畏脚，反而错失了机会。

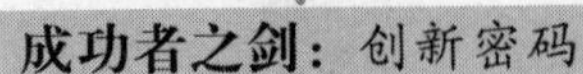

案例：罗杰斯的失误

与全球知名的巴菲特一样，罗杰斯也是一位响当当的投资大亨，如图 2-4 所示。他最经典的投资案例就是在 1987 年美国股市大跌前及时沽空从而大赚一笔。但是罗杰斯的职业生涯也有过巨大的失误：1964 年罗杰斯在分析了全球市场的需求后，认购了一只钢铁公司的股票，但这只股票在很长一段时间内却显得十分疲软。尽管罗杰斯确信自己对全球市场的分析并没有漏洞，但他对于迟迟不涨的股票还是感到坐卧不安，最后他还是将股票转手。但也正是转手后半年，这只股票开始大涨至原价两倍，5 年后涨了 6 倍，后来这只股票成就了全球钢铁巨头——卡内基钢铁公司。罗杰斯就因为过分谨慎错过了一个大好机会。

图 2-4　罗杰斯

案例分析：

罗杰斯的失误并非专业性质的，事实证明他对全球市场的预测和判断是非常到位的，股票也像他预料得一样飞涨。但他自己却享受不到任何成果——仅仅只是因为谨慎，因为一时的受挫让他无法对自己的判断保持冷静，所以他改变了策略，也走向了失败。也难怪后来罗杰斯会总结道：投资者越谨慎，投资机会就离投资者越远。

有人说，股市就是一种信心经济，大家都相信股市会涨，那股市就会涨，大家都觉得股市会跌，那股市就会跌。但是，任何的市场，无论是房产市场还是股票市场，其承载力都是有限度的，在一定时期内，不可能无节制地增长，一旦超过了特定的范围，神话就会像泡沫一样破灭。

古语“不入虎穴，焉得虎子”，说的就是不经历危险就不能成就大事。那么要“入虎穴”就必然要放开胆子，如果一直被谨慎心理牵绊，就真的是“焉得虎子”了。

4．“人云亦云”的从众思维

不入虎穴，焉得虎子。

——《后汉书 · 班超传》

从众思维就是依着大多数人的意见，人云亦云，他人怎么行动，自己就跟着怎么做。这种思维有时候的确很有安全性，跟着别人实验过的方法走，出错的概率比较小。但是也正因为它的保险，常常成为创新突破的阻碍。

案例：从众投资的后果

1969 年整个华尔街十分疯狂，面对连创新高的股市，股民疯狂涌入证券市场购买股票，金融界一派繁荣兴盛。几乎所有人都无法冷静下来去思考股市大涨背后的原因。于是，接下来由于股市投机过度带来的股灾几乎摧毁了整个全球金融体系。当时的华尔街，到处都是破产者和失业者。当然，也有独善其身者——股神沃伦 · 巴菲特却在手中股票涨到 20% 的时候就非常冷静地悉数全抛，于是他安然渡过了危机，如图 2-5 所示。

2000 年，全世界股市出现了所谓的网络概念股，巴菲特却称自己不懂高科技，没法投资。一年后全球出现了高科技网络股股灾，巴菲特再次独善其身。

图 2-5　巴菲特

案例分析：

其实华尔街和股市已经上演过太多次这样的戏码了，究其原因，经济波动是根本，但是股民们狂热的心态和随波逐流的做法也难逃其咎。从不冷静分析，只跟着人群走，最终只能失败。

而巴菲特就是成功跨过从众思维这个障碍的最佳诠释。有太多次，巴菲特

顶着巨大的压力，做出和外界预期完全相反的投资，令众人瞠目结舌。但事实证明巴菲特的判断总是对的。这一方面的确因为巴菲特具有常人无法企及的准确惊人的预判能力，但同时也与其对自己判断的坚持和坚信不无关系。如果巴菲特像其他人一样，人云亦云，三人成虎，轻易地怀疑自己的判断、改变自己的判断；在外界怀疑惊奇的压力之下轻易动摇，那么巴菲特就必然无法成为股神，只能成为千万股民之中普普通通的一位了。

随大流，是群体行为的惯性，其背后的逻辑是：大家一起去做的事情，往往给人安全系数最高的错觉，因为人的自信是有限的。作为普通人来说，并没有太多标新立异的勇气，因此大多数人选择了从众。

其实，所谓“真理掌握在少数人手里”，但众人的思维也有犯错误的可能，这时众人掌握的可就不是真理了。一个人、一家企业想要发展，想要创造自己的辉煌，那就应该冷静分析周围的环境，客观地对存在的情况做出准确的判断，并坚定地做出选择。如果连自己的观点和看法都无法形成，那么创新也就无从谈起了。

5. 麻木了：国产服装企业的困境

思维上的麻木指的是对外界事物反应很不灵敏，对于外界出现的新信息和新事物，常常不甚敏感，不会主动去寻找其中的特别之处。这就好比当你的一只手臂麻痹了，那么不管怎么刺激它，它都不能迅速地作出回应。手臂麻木后有时间慢慢恢复，可一旦思维麻木使自己陷入危机，就没有时间给我们恢复了。

案例：国产服装企业的困境

近几年来，李宁、美特斯邦威等中国服饰企业开始被大量库存衣服和鞋子压得喘不过气来，几乎被逼上了绝路。这些企业曾经有过非常良好的发展势头，并在激烈的竞争中成为中国服装品牌的领头人。但是这些品牌在企业运转进入正轨后，却开始变得保守起来，在许多需要改革转变的时刻都按兵不动。在营销方式、宣传活动等需要及时调整更新的方面却迟迟没有推陈出新的动作。于

是，近几年满大街可以看到国产服装品牌“买一送一”等自降身价的行为。

案例分析：

前几年这些国产服装品牌曾经风光一时，借奥运会的东风确实火了一把。但是企业的发展是动态的，它无法按照一种不变的套路持续运转下去。美特斯邦威等企业犯的错误是在企业发展良好时产生了麻木思维，没能时刻保持警觉性，对企业的运转进行调整改革。相反，近几年新崛起的日本服装品牌优衣库由于从营销方式到宣传方案一直保持推陈出新的势头，已经迅速成为全球服装品牌的新贵。

在这里必须提到一个与麻木思维有密切关系的实验。如“温水煮青蛙”的故事所说，青蛙的悲剧来自于它对环境习惯后产生的麻木。一开始它保持着敏锐与警觉，对于环境的变动迅速做出反应，于是得以逃生。但是当环境舒适时，它放弃了原有的敏感和警惕；环境产生变化时，它便措手不及，命丧沸水之中。

麻木思维是创新过程中一个很可怕的敌人。但凡创业，都必须对环境保持高度的警觉状态，环境中任何细微的调整都可能带来巨大的变化，从而影响企业的生存发展。“见风使舵”正是每个创业者都需要拥有的品质。

事实上，当人一旦习惯于自己的生存环境时，麻木这种状态就很有可能出现。譬如一个人家住在垃圾场旁边，最初他可能会觉得无法忍受，但随着时间推移，他最终会对垃圾场产生免疫作用，对于恶臭也可能没有感觉。因此，不沉溺于自己的环境，对于任何风吹草动都不放过，随时保持待命战斗状态，摆脱麻木思维的束缚，才能敏锐地去发现生活里每一个细枝末节，并快速做出调整，成为思维创新的赢家。

二、心态比什么都重要

人不怕想法多，就怕没想法。

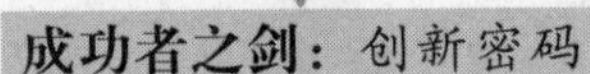

所谓有想法，是指脑子灵活，有自己独立的判断和主见。有想法的人，有时候显得并不那么安分守己，甚至有时候会表现得有些另类，但是往往最天才的设计，就源自这些人的大脑。

1. 洞悉未来——做一个未来学家

世界是不断变化着的，尤其是在经济与科技高速发展的今天，几乎没有事物能够10年保持一成不变。社会会变，人也会变。10年前的消费者和10年后的消费者，必定有着不同的需求。如果能准确把握未来的市场需求，就能率先主导市场。

案例：方便面的发明

20世纪50年代末60年代初，日本经济进入腾飞时期，人们生活节奏明显加快。安藤百福看到了这种变化中的商机，决定研制快速冲泡后食用的拉面，如图2-6所示。他在家里专门搭出一间小屋，埋头研制方便面。

当时关于拉面保质、配料调料压缩储存的技术几乎是一片空白，安藤需要从头做起。而且就算研制成功，成本的高昂使方便面价格必然不菲。因此当时许多人都对安藤的想法提出了质疑。有人冷言冷语说，乌冬面一份才卖6日元，“鸡肉拉面”会有销路吗？

图2-6　方便面之父安藤百福

不料，在市场宣传、免费品尝等攻势下，方便面很快在日本列岛掀起热潮。不停有好奇者打来电话问：“听说你们那里有加热水就能吃的魔术拉面。”安藤百福开始了自己今后一辈子的事业，时年已48岁。当年年底，安藤创立日清食品株式会社。

案例分析：

安藤能坚定地进行方便面的研制，并最终取得成功，信心来自于他对于未来的准确判断。他看到了战后日本经济重建的迅速开展，并由此判断日本经济将迅速起飞。社会经济发展带来生活节奏加快，人们的生活将不再像以前一样悠闲轻松，在饭馆等待上菜的时间也不再可能存在。既然如此，人们就需要能快速解决自己用餐问题的方法。由此，安藤看到了方便面存在的必要性，于是他开始了这项研制，并最终成为日本的方便面之王，如图 2-7 所示。

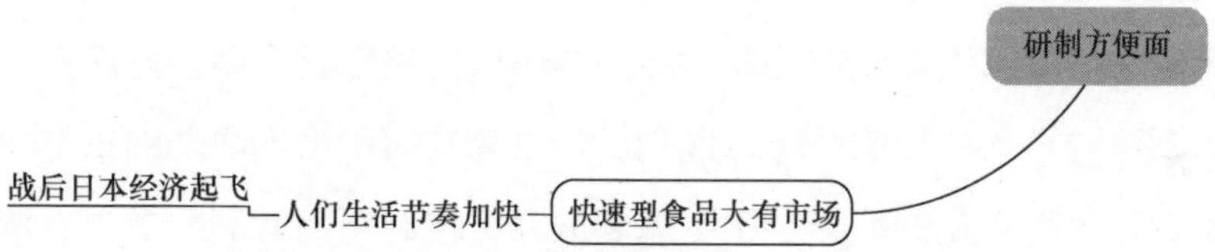

图 2-7　安藤百福如何洞悉未来，研制方便面

洞悉未来对任何事物得来的发展都是极其重要的。10 年前普通的功能手机能够满足大众需求，20 年后功能手机难觅其踪，取而代之的是功能越来越强大、操作系统越来越智能的智能手机。而那些提前预知到智能手机将取代功能手机并投入研发的企业，就成为了现在的市场霸主，比如苹果与三星。

> 世界上本来是没有路的，走的人多了，就成了路。
>
> ——鲁迅

既然社会与人都在不断变动，那么创新就应该面向世界，面向未来。这一点要求人在心态上必须是开放的，能够洞察世事，体察细节。清朝以天朝大国自居，固守闭关锁国政策，对于外面的世界不管不问，却不知自己已被远远甩在时代之后。这是清朝政府心态不够开放的后果。

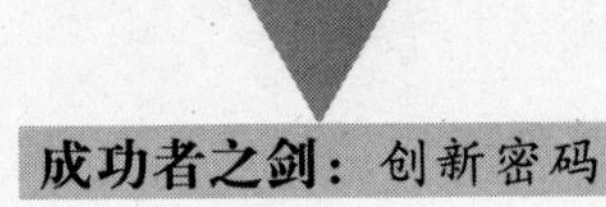

同时，创新也要求人的眼光必须是长远的，不能只顾当下，不管将来。人当然无法准确地预知未来，但是人可以通过对现在世界的观察与把握，掌握规律，推测未来的趋势。就像安藤百福通过对日本经济的观察考量，推测出了未来世界人们的生活节奏，从而研制方便面随之建立了自己的商业帝国。类似的案例还有很多。雷军是国内著名的天使投资人，是金山软件公司的董事长。当智能手机兴起，且国内市场上苹果与三星占据半壁江山时，他敏锐地看到了研发一款廉价实用并且符合年轻人使用需求的国产智能手机的必要性。于是雷军果断创办了小米科技，推出了小米手机。现在，截至 2013 年 8 月最新一轮融资，小米估值超过了 400 亿元。照此计算，小米科技将成为位列阿里、腾讯、百度之后的中国第四大互联网公司。在如今中国的硬件公司中，已仅次于联想集团。雷军与小米科技的成功，说明了未来趋势对于当下成功的重要性。毫无疑问，在不断变化的社会之中，想要成功，就必须拥有洞悉世界、洞悉未来的心态。

2. 价值原则——有价值的创新才有意义

价值指的是一种东西或一件事呈现出来的积极的一面，并且通过这积极的一面能给人带来什么。价值原则，就是人类按照自己的尺度和需要去认识和改造世界，使社会适应人类的生存和发展。换句话说，价值原则是人创造创新要牢牢把握的原则，因为人的创造创新，根本目的就是为了获得价值。因此，评价某件事情是否有价值，就要看这件事是否能给人带来价值，能否创造价值，否则，这种创新就是没有意义的。

案例：2010 年度浙江全省十大经济犯罪案件

1）杭州“丁某等人特大非法经营假药案”是浙江省近几年来假冒国际著名品牌药商抗癌药、涉案金额最大的一起案件。

2）“杭州 6·19 特大信用卡诈骗案”。该案的侦破被评为全国“2010 年度十大银行卡精品案例奖”。

3）“8·27 特大非法制售发票案”。该案共捣毁非法制造、储存、开具假发票窝点 30 处，抓获犯罪嫌疑人 44 人，缴获各类假发票 2635 万余份。该案是 2010 年全国公安机关打击假发票专项行动中，一次抓获人员和缴获假发票最多的一起。专案组荣获集体一等功。

4）温州打击非法票据活动专案。

5）温州郑某等人串通投标案。

6）绍兴县某集团公司及其法定代表人凌某合同诈骗案。

……

案例分析：

随着我国经济社会的发展和国民素质的提高，各种高智商犯罪也逐步显现出其巨大的危害性，并呈现出犯罪手段高科技化、犯罪人群高学历化，犯罪金额高数额化、犯罪方式隐秘化、犯罪技巧多样化等特点，给案件侦破带来极大困难。案例中的诸多案件，虽然为犯罪分子带来了巨大的物质财富，但是所有犯罪行为，都是无价值创造甚至是负价值创造的行为，无论其方法如何高明，为社会带来的都只有破坏。

案例：余额宝备受推崇

余额宝是由第三方支付平台支付宝为个人用户开发推出的余额增值服务。用户将存款转入余额宝，不仅手续简单，可以随时转入转出，支持支付宝账户余额转入和储蓄卡快捷转入，不收取任何手续费；而且利率远远高于一般银行存款。因为这些优点，余额宝 2013 年 6 月一经推出，立刻受到推崇追捧。不到 1 年，余额宝规模就突破 4000 亿元，一季度收益达到 57 亿元。

案例分析：

余额宝说起来其实就是另一种储蓄。但它在银行储蓄的诸多不便的基础上升级更新了一些内容，因为这些升级更新，使它获得了成功。为什么选择余额宝？说到底其实绝大部分人是为了它的高收益。换句话说，其实就是它能为人带来更多价值。更重要的是，虽然余额宝作为一种新型的社会资金管理，其本身并没有直接创造价值，而是促进财富更加合理地流动与分配，但是，由于其创立有利于社会进步、经济发展，因此体现了重要的社会价值。

随着对知识产权保护的力度加大，专利申请在中国日渐勃兴。2011 年中国首次成为全球递交专利申请数量最多的国家。但大幅上升的专利申请中，只有部分与增加创造力有关。一些所谓专利不过就是在现有技术基础上加一些小零件便申请了专利。这种为创新而创新的行为，不但不能改变人的生活，更因为无法产生价值而早早被社会淘汰。相反，几百年前的荷兰，却因为一种新的切鱼方法成为世界强国。那时的荷兰和周边国家一起共享大西洋里的丰富鲱鱼资源，单纯捕捞无法占据优势。后来一个渔民发明了一种能一刀切除鱼的内脏的方法，因此鲱鱼能长期保存。于是荷兰的鲱鱼开始远销欧洲内陆，荷兰因此积累大量财富，一跃成为欧洲强国。从价值这个角度讲，这位渔民的创造不逊于任何一项伟大发明。

> 你若喜欢自己的价值，你就得给世界创造价值。
>
> ——歌德

创新的核心就在于价值，人总是要追求更好更多，假如创新无法带来更多价值，又有谁愿意耗费心力去埋头苦干呢？因此当我们在思考如何创新时，应该从本质的价值问题出发，考虑怎样才能赋予创新价值，怎样才能使创新的价值最大化。只有这样，我们创造出来的东西，才能具有意义。

3. 新颖实用——新的体验，新的感觉

所谓创新，所侧重的就是事物的新颖性。同时，在新颖的要求下，也要实用。老掉牙的想法我们嗤之以鼻，中看不中用的东西，也是让人不敢恭维的。将事物化繁就简，去掉华而不实的部分，不仅可以降低成本，同时也能简化程序并且以其便捷吸引眼光。追求新颖实用原则，是创新点子的一大特征。

案例：宜家家居广受欢迎

宜家是全球最大的家具家居用品商家，在全球 38 个国家拥有 311 家卖场，年销售额可超过 200 亿欧元。宜家与其他家居商家最大区别在于，它坚持提供种类繁多、美观实用、老百姓买得起的真正的家居用品。在宜家，卖得最火的产品是它为了解决年轻人住房面积紧张而专门设计的收纳型产品和折叠式家具。如小件衣服收纳盒、领带架子、可拆卸餐桌等，如图 2-8 所示。这些产品一方面设计新颖、外观独特，另一方面很好地解决了年轻人居住空间狭小而带来的拥挤问题，可以说是新颖实用的典范。

图 2-8　宜家的可折叠家具因其新颖实用备受欢迎

案例分析：

宜家的家具能卖遍世界，与其新颖实用的原则有紧密的关系。假如，宜家主打的是奢华高端的顶级家具，那么宜家的足迹就无法遍布全世界。因为奢华高端是属于小部分人的，这样的定位就注定了市场的局限。同时，在宜家之前已经有不少高级家具公司存在了，宜家没必要去抢这一块本来就不大

的蛋糕。所以宜家准确巧妙地打出了新颖实用这一招。利用家具巧妙的设计吸引顾客眼光，通过实惠的价格推动销量的提升，而这一切还是在不放弃家具品质的前提下。于是宜家家居顺理成章地成为了世界家具界的霸主。

宜家不仅通过家具的设计体现了新颖实用的原则，在经营管理上的任何一个细节都体现了这一点。宜家卖场的快餐厅，只卖热狗、三文治、鱼蛋和甜筒等几样最简单却也最受欢迎的食物，同时快餐厅不设座位，顾客买完站着吃完就走。看似服务不周到的背后其实是宜家对消费者需求的准确把握——来宜家的人绝大多数是为了家具，快餐厅只是顾客中途填腹小憩的补充。如果非要把快餐厅做大，宜家就不是家具店，而是西餐厅了。宜家的快餐厅一直能够保持高销量，原因正是如此。

除了宜家，7-11 便利店也是贯彻新颖实用原则的创新典范，分布在地铁、闹市路口的 7-11 便利店，比起沃尔玛这样的大型连锁零售超市只能算是小型超市，但它也依旧能在零售业占据重要地位。原因在于它将自己定位为为上班白领们服务的便利超市。店内的商品种类不多，但都是上班族们每日上班必不可少的。例如报纸、便当、口香糖等。7-11 并不要求自己成为大型零售超市，而是要成为新颖实用的白领便利店。这样的理念，自然能吸引上班族们的青睐了。因此，在寻求创新的路上化繁为简，争取做到新颖实用，往往能起到不错的效果。

4. 简单是美——“傻瓜机”出现的道理很简单

简单是美。“懒汉改变世界”这句话其实是有道理的。纵观人类社会的发展，无论在哪个方面，人都能不断得到更简便的结果。电梯的发明是为了方便人上下楼梯；汽车的发明是为了让人出行更简便；洗衣机的出现是为了让人摆脱搓衣板的束缚——由此可见，人类具有一种“懒惰”的天性，在这种天性的驱使下，人会更倾向于选择那些能使人的生活更为简便简单的结果，如图 2-9 所示。

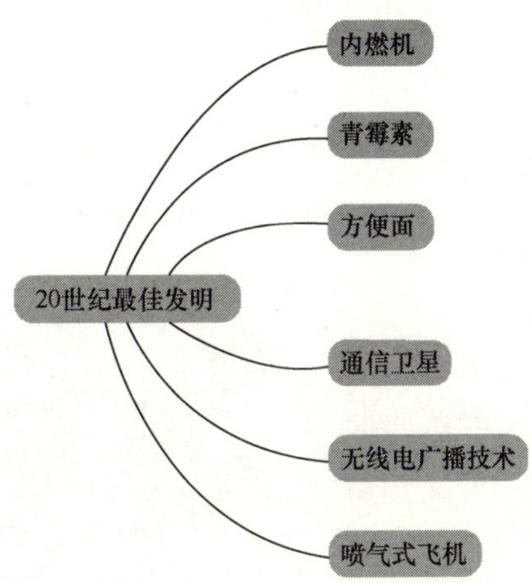

图 2-9　外媒评选 20 世纪最佳发明，它们都使人类生活变得更为简单

案例：傻瓜相机的发明

1866 年之前，照相机都只能在专业照相馆使用，因为它们不仅体积大携带不便，同时还要求使用者具有一定的摄影专业技能，拍照前需要先调焦距、调光圈、设置数值等。柯达公司首先发明了世界上第一部轻便、小型，而且操作简单、人人可使用的照相机，它的广告词就是——您只需按下快门，其他一切交给我们去做。1964 年日本人进一步改造了这种相机并命名为“傻瓜相机”。“傻瓜相机”上市之初，就创下了 750 万部的相机销量的最高纪录，也由此开创了柯达公司的辉煌时代。

案例分析：

“创新”在科技上的体现尤为突出。科技发展日新月异，任何技术似乎都变得越来越高级、越来越复杂。但仔细研究，就可以发现其实这些科技创新都出自于简单原则。柯达发明“傻瓜相机”，就是为了摆脱原有相机的复杂难懂，让每个人都能使用照相机。既然每个人都能用，那么每个人都有可能去买，于是柯达取得了成功。

再如图 2-10 所示，这款旋转式密码 U 盘推荐给既担心数据安全又不愿安装安全软件的懒人们。有了它就相当于拥有了一个简易数据保险柜。U 盘环状的柄就如同保险柜的密码转盘，只有输入预先设定的密码，USB 接口才能打开。这样一来，你无需任何设置，不用安装软件、不用更新升级，牢记密码即可。

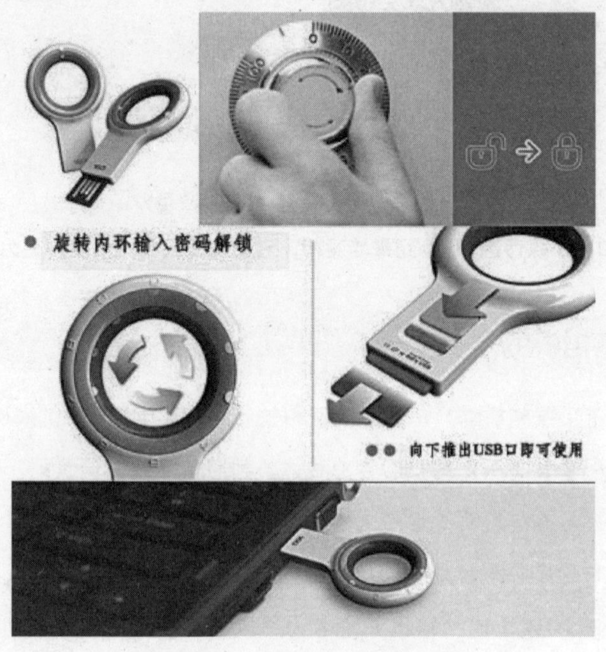

图 2-10　旋转式密码 U 盘

一个世纪前，奥地利科学家马克斯 · 舒施尼发明了塑料袋。由于塑料袋简单轻省，耐用而且廉价，很快就风靡全球，成为人们日常出行的必备品。塑料袋的使用持续到今天，每天依旧有不计其数的塑料袋被生产出来。虽然塑料袋给环境带来了巨大的危害，但它依旧没办法被取代，根本原因就在于它的便利使人产生了依赖。

> 简单是终极的复杂。
>
> ——达 · 芬奇

相反，也有很多发明因为使用过于繁杂而被淘汰。如算盘在计算器发明之后就变成了人类怀旧的工具；留声机在录音机发明之后就变成了古董。可以看到，人类创新的历程就是一个把已经存在的东西进行简单化的历程。因此“简单”两字，是创新改革的不二法门。

5. 接受风险——怕风险就难创新

“风险”一词听起来很可怕，但第一个吃螃蟹的人之所以被人敬重，就在于他们的勇气和尝试之后带来的效益。没有人想遭遇风险，每个人都希望可以一帆风顺。但是天下没有免费的午餐，要想有所收获就要有所付出。这在经济学上属于一种成本。害怕风险，其实就是惯性思维在作祟。因此，若想创新，就必须接受风险。古时神农氏尝百草，冒着生命危险，可以说九死一生，但后人代代相传他的美名。

案例：莆田之难

福建莆田一度以它生产的山寨运动鞋驰名国内，2011 年高仿鞋在淘宝上甚至达到了 33 亿元的销售额。山寨名牌鞋的热销的确为莆田经济带来了巨大的推动。但是也因为山寨，莆田的鞋业制造不断遭受欺诈消费者的非议，鞋业制造开始变得举步维艰。其实莆田拥有多家鞋类加工厂，许多厂家历史甚至比安踏、匹克等知名品牌悠久。但是当同类厂家多方变卖家当融资搞创新创品牌时，莆田的厂家却因为害怕投资带来的风险，宁愿选择继续仿制收取加工费。于是莆田的鞋业浪费了自己的优势，失去了发展的最好机遇。

案例分析：

莆田之难，根源是在于鞋业制造厂家对风险的过度畏惧。“欲穷千里目，更上一层楼”，但是莆田的厂家却连更上一层楼的勇气都没有。天下没有免费的午餐，想要创新，想要把企业做大做强，却不愿承受风险，这是不可能的事。莆田鞋业不敢接受风险，于是不能创新，莆田之难由此而来。

同时还必须指出的是，风险本身也是有正面意义的。风险的存在使人提高警惕，并不断完善自身以规避风险。就像草原上狼与羊的关系，狼的存在使羊保持警觉，并且不断汰弱留强，使羊群能够生生不息。但是一旦羊群失去天敌，过度繁衍就会带来自身毁灭的灾难。所以说，风险使人清醒。因此，我们更应该直面风险。

关于直面风险、勇敢创新的例子非常多，体育界更是普遍。中国职业网球自2008年开始了单飞模式的尝试，它允许网球运动员脱离国家体制，自主参赛，自负盈亏，这使得运动员一下子面临着巨大的经济压力，因此敢主动提出单飞的运动员非常少。但以李娜为代表的少数几位运动员单飞之后，由于经济压力巨大，他们比赛与训练更加刻苦，成绩突飞猛进，同时也为自己带来了巨大的经济利益。2013年中国运动员财富排行榜，三位单飞网球选手全部入围。可以说，她们的成功，是对她们敢于直面风险、放手一搏的最好奖赏。

> 如果你不敢冒险，你就注定平凡。
>
> ——吉米·罗恩

三、开发我们的左右脑

左右脑分工理论是美国心理生物学家斯佩里博士通过著名的割裂脑实验证明的，如图2-11所示。理论认为，正常人的大脑有两个半球，由胼胝体连接沟通，构成一个完整的统一体。在正常的情况下，大脑是作为一个整体来工作的，来自外界的信息，经胼胝体传递，左、右两个半球的信息可在瞬间进行交流（每秒10亿位元），人的每种活动都是两半球信息交换和综合的结果。大脑两半球在机能上有分工，左半球感受并控制右边的身体，

图2-11　斯佩里博士

右半球感受并控制左边的身体。

左右脑分工理论指出：左半脑主要负责逻辑理解、记忆、时间、语言、判断、排列、分类、逻辑、分析、书写、推理、抑制、五感（视、听、嗅、触、味觉）等，思维方式具有连续性、延续性和分析性。因此左脑可以称作“意识脑”、“学术脑”、“语言脑”。右半脑主要负责空间形象记忆、直觉、情感、身体协调、视知觉、美术、音乐节奏、想象、灵感、顿悟等，思维方式具有无序性、跳跃性、直觉性等，如图 2–12 所示。

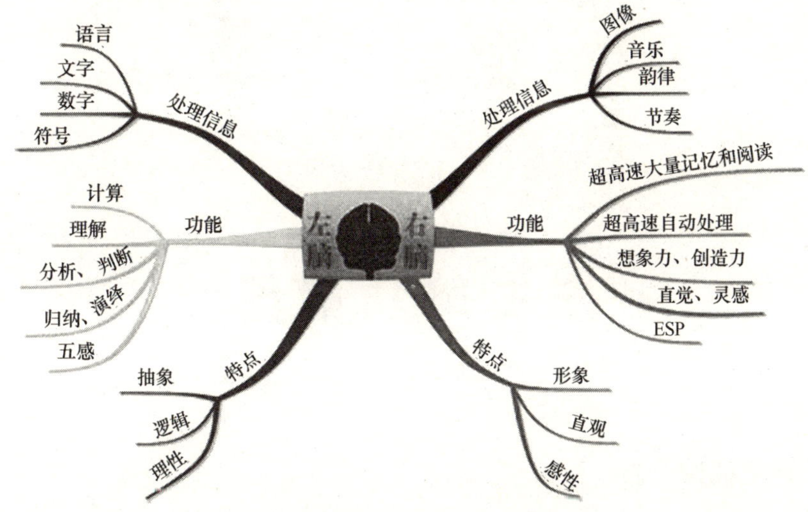

图 2-12　左右脑的分工

左右脑的不同功能和分工造成了利用上的不均衡。事实上，人类的大脑潜能巨大，目前对于人类大脑的有效使用，科学家并没有给出准确的数据，但是普遍肯定的是，人类的大脑有 90% 处于休眠状态，如图 2–13 所示。也就是说人类以 10% 的脑力进行日常生活中的工作、学习、思考等活动。爱因斯坦去世以后，科学家对他的大脑进行了解剖，

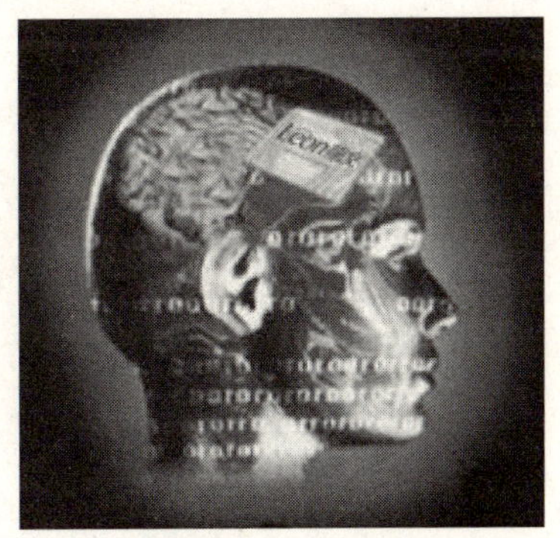

图 2-13　人脑图

发现他的大脑是目前世界使用最多的人，但也只使用了1/3，2/3仍处于休眠状态。还没被开发使用的大脑既是思维创新的一个障碍，也是一种潜力。因此，学习掌握左右脑的开发方法，有很大的必要性，如图2-14所示。

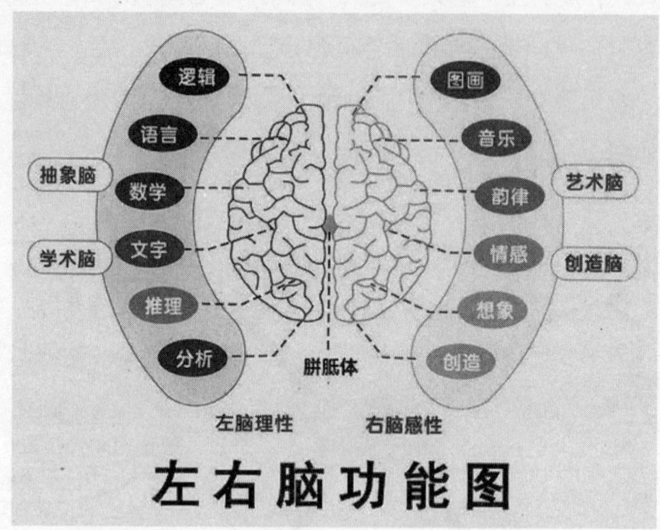

图2-14　左脑是逻辑脑，右脑是艺术脑

1. 左脑功能的开发

左脑具有语言功能，擅长逻辑推理，主要是储存人出生后所获取的信息、知识和语言。左脑主司语言，也就是用语言来处理信息，把进入脑内看到、听到、触到、嗅到及品尝到（左脑五感）的讯息转换成语言来传达。左脑主要控制着知识、判断、思考等，和显意识有密切的关系。如果进行形象一点的描绘，左脑就像个雄辩家，善于语言和逻辑分析；又像一个科学家，长于抽象思维和复杂计算，但刻板，缺少幽默和丰富的情感。应该说，在高度商业化、市场化的现代社会，代表着理智与逻辑的左脑更具有现代脑的品质。

对于左脑的开发，可以从身体和思维两方面进行。

（1）身体锻炼法

既然左脑控制着人类的右边身体，那么右边身体的活动就将反作用于左脑，也就是对左脑起到了锻炼作用。因此，经常使用右手、右腿，都能使左脑得到充分的锻炼。

除了多运动右边身体，还要注意自己手指的灵活度练习，这样能够有效开发大脑皮层的神经细胞。手指的灵活度，可以通过弹钢琴、折纸或者一些手机游戏来提高。

左脑掌控语言，因此大声朗读文章、参加辩论和学习外语等活动，也能开发左脑功能。

（2）思维锻炼法

左脑是理性的，它掌握着人的思考与逻辑能力，因此可以从逻辑思考这一方面来锻炼左脑。

其一，注重细节，勤于分析。思考问题时，尝试将问题罗列出来写在纸上，并将细节和关键用图像或者流程图表示出来。尽力让问题与问题之间的逻辑关系清晰可感，力求不偏不漏，并能完整详尽地概述问题。

其二，制定目标，步步为营。做任何事情之前都要制定可行的目标，并将目标的实现步骤罗列出来。因为制定目标和计划的时候会进行分析与计算，这对左脑是一种刺激和开发。

其三，多阅读一些思辨性、推理性强的文章，可以尝试阅读推理小说，并对事件进行完整分析。

左脑控制右边身体，由于现实生活中右撇子数量远远多于左撇子，即绝大多数人都使用左脑更多，因此左脑的锻炼和开发其实在日常生活中常常不自觉地在进行。只是由于很多人对于逻辑和思考严密性的不重视，所以左脑的开发还远未到充分的程度。左脑开发的方法都只是一些寻常手段，但难就难在坚持。在学习生活中，坚持思考分析并将其变成一种习惯，就能使左脑一点一点地被加深开发。

2. 右脑功能的开发

人的右脑具有直观性的整体把握能力、形象思维能力、独创性等，所以右脑的开发对于个人的成功而言是不可或缺的。由于现实中对于左脑的开发普遍比较多，所以右脑开发的重要性显得尤为突出。如何开发右脑功能，越来越得到人们的重视。

> 不健全的大脑无法产生精神力量。
>
> ——赫·斯宾塞

开发右脑功能，最重要的是要不断向右脑输入信息，使其得到刺激。同时，也可以与锻炼左脑时多运用右边身体相反，尽量多运用自己左边的身体。

（1）身体锻炼法

身体方面的锻炼可以分为感官和肢体两部分。

感官部分：有意识地调动眼、耳感觉器官的活动。比如照相时用左眼取景，听歌时将耳机放在左耳；使用情景教学法而非背诵的方式来学习外语。

肢体部分：尝试多用左手做事情，比如刷牙、拿水杯、移动鼠标、打字和一些简单运动等。

（2）艺术训练法

多接受高雅艺术的熏陶能唤醒沉睡的右脑。色彩绚丽的美术作品、激情澎湃的交响乐、形体优美的舞蹈等艺术形式都能对右脑起到刺激作用。但是在接触艺术时，不能只把自己作为旁观者，还要更进一步地去理解感受。比如可以尝试通过图画把自己听到的音乐表现出来，或者用语言表述自己看完芭蕾舞后的感受。

（3）抽象思维训练法

做一些抽象思维的训练可以使右脑大脑皮层神经细胞在短时间内快速活跃起来，使大脑的变通性、流畅性和灵活性更强。除了上文提到的折纸以外，积木、七巧板和魔方等思维训练玩具也能很好地锻炼大脑。

自我训练

如图 2−15 所示，快速地说出每个汉字的颜色，而不是读出这个汉字。这要求大脑在短时间内迅速排除汉字本身所带信息的干扰，对大脑皮层具有很强的刺激作用。常做这种类似的训练，对右脑的开发有很好的帮助。

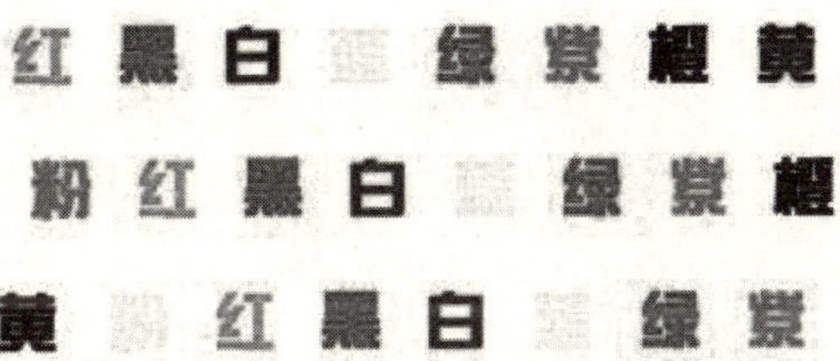

图 2-15　开发右脑的小游戏

下面的题目可以进行自我训练。

1）听门德尔松的《春之声》，然后尝试用语言和图画表达你的感受。

2）迅速找到下图迷宫路线，如图 2-16 所示。

图 2-16　迷宫路线

3）读一篇财经新闻报道，然后由此想象未来 10 年的世界并预测将有什么新的变化出现。

4）对目前所使用的手机提出它存在的不合理的地方，并提出改进意见。

第 3 章 创新密码蕴藏在这些思维里

> 对于创新来说，方法就是新的世界，最重要的不是知识，而是思路。
>
> ——郎加明

为什么有些人容易找到创新点子，而有些人却不容易，其根源深藏于思维之中。要寻找创新密码，毫无疑问必须要培育创新性思维。具有创新思维的人，容易找到创新密码，而不具有创新思维的人，虽然几经努力也难以找到创新密码。

创新思维是一种打破常规的思维方法，其根本方法就是想别人之所未想，做别人之所未做，往往表现为对事物的更新和创造，甚至改变人们的传统观念和习惯，创造新颖的思维成果。创新思维的途径多种多样，大致可以有灵感思维、联想思维、想象思维、超前思维、发散思维、求异思维、逆向思维等多种表现形式，不同的思维方式其创新结果也往往大相径庭，如图 3–1 所示。

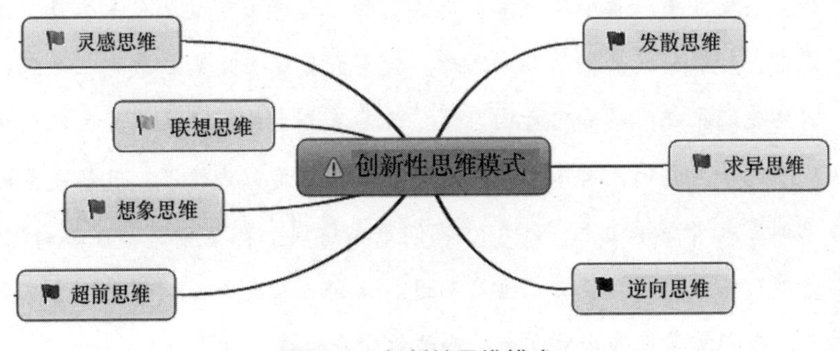

图 3-1　创新性思维模式

一、从鲁班造锯谈起——灵感思维不可小视

案例：鲁班造锯的故事

传说鲁班有一天到一座高山上去寻找木料，突然脚下一滑，他急忙伸手抓住路旁的一丛茅草。手被茅草滑破了，渗出血来。“怎么这不起眼的茅草这么锋利呢？”他忘记了伤口的疼痛，扯起一把茅草细细端详，发现小草叶子边缘长着许多锋利的小齿。他用这些密密的小齿在手背上轻轻一划，居然割开了一道口子。

手流血了，但却给鲁班带来了灵感。他想：要是我也用带有许多小锯齿的工具来锯树木，不就可以很快地把木头锯开了吗？那肯定比用斧头砍要省力多了。

于是，鲁班请铁匠师傅打制了几十根边缘上带有锋利的小锯齿的铁片，拿到山上去做实验，果然很快就把树木锯断了。鲁班给这种新发明的工具起了一个名字，叫做“锯”。

案例分析：

在这个故事中，鲁班从杂草中获得灵感，创造出新型的伐木工具，情节虽然简单，却能引发我们很多的思考。故事直截了当地告诉我们，灵感的出现，需要我们养成观察和思考的习惯，被茅草割伤的人很多很多，但因此得到启示发明新工具的人却寥寥无几。一般人遇到类似的情况，可能更多地抱怨自己倒霉或者怨恨自己不小心，他们不会想到，在絮絮叨叨埋怨的时候，一个简单而伟大的发明机会正擦肩而过。正如巴斯德所说，机遇只青睐有准备的人。我们常常因为头脑空白，而被排除在机遇门外。

灵感思维是技术创新和思维创新活动中最常见的一种思维现象，又被称为顿悟，或者说是思维上的“神来之笔”，一般指人在长期积累的基础上，刹那间茅塞顿开，找到解决问题的方法。每个人都会有灵感思维，我们平常所说的“柳暗花明”“豁然开朗”等之类的词，描述的其实就是灵感思维的过程。

人们自古以来就会利用灵感思维进行创新活动，如古希腊时期的大学者阿基米德，有一次接受了国王的要求，帮助国王鉴别一顶王冠的真假，阿基米德接受了任务但却一筹莫展。有一天阿基米德带着沉思走进浴室洗澡，当他坐进澡盘的时候，澡盘里满满的水便溢出来了一部分，就是这个平常司空见惯的场景，让阿基米德突然灵光闪现，联想到王冠的重量可以造假，但同等质量的金属体积却无法“说谎”，于是他通过测试比对王冠与纯黄金在等重下的体积，检验出王冠是否掺假。以此为契机，阿基米德进一步发现了浮力第一定律，对之后科学的发展产生了深远的影响。

阿基米德的灵感产生，表面上看来是偶然的，但背后却蕴含着必然性。人只有在不断思考的时候，外界发生的一些变化才会有效地引发现象与思维的共鸣，从而点燃灵感的火花，进而找到解决问题的创新方法。

法国医生拉埃奈克一直苦于无法简单地诊断病人的胸腔健康，希望能够制造一种简便的器具，出诊的时候便于携带。一天，他陪女儿在公园玩，偶然发现自己在跷跷板这端轻轻地敲打，女儿在另一端却能够清晰地听清楚。他由此触发灵感，回家用木质材料做成一个喇叭状听筒，把大的一端贴在自己的胸膛，小的一端靠近自己的耳朵，居然能够清晰地听清楚自己胸膛发出的声音，由此他发明了人类历史上第一部听诊器。

那么，如何获得灵感呢？答案如图 3-2 所示。

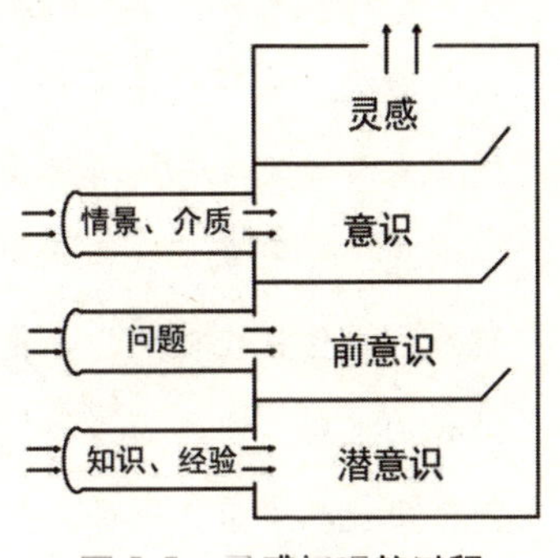

图 3-2　灵感闪现的过程

首先我们要弄清楚灵感思维的来源。灵感思维是创新思维的一种表现形式。它不是空穴来风，也不是神秘莫测的。它产生的过程必须具备

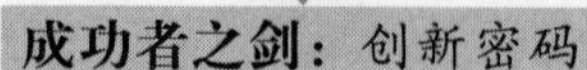

两个过程，第一是久久思考某个问题之后依然没有找到解决方法而暂时被搁置，但是思维主体却对此问题依然念念不忘，从而已经在脑海中形成潜意识；第二必须有特定的场景来触发潜意识，这个场景可以是人脑内部的思维碰撞（比如在梦中），也可以是外部因素，通过感官的作用来激发潜意识，如瓦特在烧开水时产生灵感发明了蒸汽机，其激发发明灵感的过程首先是通过视觉的冲击。

产生灵感的方法可以有以下几个。

一是精神高压法。所谓精神高压法，就是迫使人的思维运动到达一定的临界状态，为灵感的产生创造条件。如以下案例。

案例：梦中惊成的元素周期表

俄国著名化学家门捷列夫在化学研究遇到难题时经常处于精神高度紧张的状态，在一晚苦苦研究之后疲倦地进入梦乡。在梦中他梦到一张奇特的表格，63 种元素竟然自己像归家一样找到特定的格子落了下来。他立刻从梦中清醒并把这张表记录了下来，从中发现了元素的排列规律，并且预言了未知元素的特性和位置。这就是全球中学化学课堂上都会提及的著名的元素周期表的发现过程。

案例分析：

门捷列夫在中学时代就对元素与元素之间的关联产生了浓厚的兴趣，他对这方面一直保持着关注。有一段时间他感觉到研究可能会有重大的突破，困扰人类数百年的化学难题很快就要被解开，于是大脑一直处于兴奋状态。正所谓“日有所思夜有所梦”，大脑有着很多目前都尚未能完全解释的奇妙机能，这些机能促成了门捷列夫梦中解题的奇特遭遇。元素周期表是一项划时代的发现，而又因为是门捷列夫在梦中得到的灵感，从而有了“天才的发现，实现在梦中”一说。

梦是思维主体被动地将想象和潜意识融合在一起的意象，也是客观现实的一种特殊反映。通常情况下，处于睡眠状态的思维主体，其大脑皮层整体上处于抑制或放松状态，只有少数的神经细胞产生兴奋，这种随机兴奋活动导致跳跃性思维的产生，因此它能为摆脱常规束缚的大脑提供灵感。德国化学家凯库勒宣称自己发现苯环分子结构的灵感，就是来自于其梦见一条正在吞食自己尾巴的蛇。不过，我们必须明白的是：并非每个梦都能为我们带来灵感，也并非每次灵感思维活动都能带来创造性内容。梦中惊成与成功，都只是留给那些“有准备的头脑”。

当然，并非只有梦才能给人带来灵感。精神高压法促成创新技法产生也并非只有在梦中才能出现，当人的精神压力到达一定程度，其实往往就是思维突破的临界点，或者是在梦中，或者是在一次散步中，也或者是在一次闲聊中，灵感的火花随时都可能点燃。

二是关联转移法。所谓关联转移法，就是对与要解决的问题相关的事物和现象保持一定的敏感度，通过关联事件诱发创意的产生。

案例：松下发明两用插头的灵感

松下电器是从制作电插头起家的，但最初的销量很低。松下创始人松下幸之助苦苦冥思多日都找不到根源所在，起初认为是插头的质量问题，但是提高质量之后情况并没有好转。有一天他逛街的时候听到一对姐弟的对话。当时的插头只有一个，姐姐在烫衣服，弟弟想看书却无法开灯，因此两个人吵了起来。松下幸之助发现吵架的原因跟自己经营的生意有密切的关系，插头销量不大的原因不正好有其使用单一的元素吗？于是他脑子里突然产生制作两用插头的灵感。新生产出来的插头很快被哄抢一空，事业也开始蒸蒸日上。

案例分析：

有人说，松下幸之助是幸运的，拯救他事业的是不费半点成本的姐弟对话，其实不然。松下幸之助的这种顿悟，其诱因是来自于关联事件的思想点化，姐弟俩的争吵属于与解决生意难题相关联的情境，灵感是在关联事件双方互动作用产生的。松下幸之助确实是幸运的，幸运的不止是“天赐良机”，让他遇见能使他产生灵感的姐弟，还有其善于从平常小事中发现新问题的敏锐洞察力，或者说他具备了别人所不具备的灵感思维模式，这个才是绝处逢生时解决问题的无价之宝。

因此，我们要切记，灵感的产生并不是从天而降的，它是我们经过充分准备之后的产物。有足够的思想准备和敏锐的洞察力，处处是灵感；而没有充分准备和观察力，即使有灵感也会被我们错失。

三是原型推演法。所谓原型推演法，是指触发灵感的外部因素与研究对象的某个特性相吻合，研究者直接从中产生创新设计灵感，并直接将原型套用到创新中去的一种灵感思维方法。

案例：从高跟鞋鞋跟中得到设计灵感

设计师亚历山大・鲍彻从高跟鞋鞋跟中得到设计灵感，将高跟鞋的元素融入到椅子的设计中。透明的圆柱体作为支撑的凳子，配合一个超高超细的鞋跟设计，形成了极具冲击力的视觉效果，一时轰动整个时尚界，如图 3-3 所示。

图 3-3

案例分析：

设计师的灵感直接来源是高跟鞋的鞋跟，高跟鞋本来就具有时尚的元素，与时尚界的设计初衷具有很高的相似性，并且设计出来的凳子，直接套用了高跟鞋鞋跟的形状，这种灵感来源被称为“原型推演”。

原型推演这种激发灵感的方式在生活中并不少见，英国工人哈格里沃斯偶然将水平放置的纺车踢翻，从垂直状的纺车中得到灵感发明纺纱机。原型推演法在仿生设计领域的应用最为突出，比如从蜻蜓的形状产生飞机体型设计灵感、从蝙蝠身上得到雷达设计灵感等。

除此之外，“原型推演”也可以直接从某个定理、原理中得到启发产生设计灵感。原型推演产生的灵感是目的性最强的一种灵感思维方式，它与“精神高压法”和“关联转移法”不一样，它并不一定需要思维主体长期思考某个问题，文学创作中的小说原型灵感就是一个很好的例子。但不管是何种灵感思维方式，都必定需要思维主体具有深厚的内部沉淀知识和经验，就像发明大王爱迪生说的，“天才是百分之一的灵感加上百分之九十九的汗水”。

二、第一张信用卡的发明——联想思维的作用

案例：信用卡的发明

20 世纪 50 年代的一天，美国银行家拉尔夫·夏德尔请了一批社会名流在纽约一家大饭店共进晚餐，吃得杯盘狼藉。正待付账时，他突感不妙，原来他竟忘了带钱包！那种狼狈尴尬的处境，是可想而知。此时，他突然联想到他曾

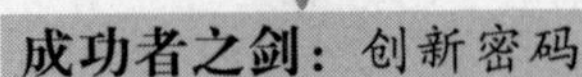

在一些加油站留下的赊账单："为什么我不在饭店里同样也做一张赊账单呢？"于是他跟饭店的经理商量先行赊账，事后再还。

事后拉尔夫对当晚的丑态一直耿耿于怀，无法忘却。同时，他联想到，他的尴尬不仅仅只有他一个人才遇到过，或者曾经也有无数人面对过这种吃饭忘了带钱的窘迫，那是否也可以给大家办一张赊账卡呢？于是他组织一家"晚餐俱乐部"，规定凡俱乐部会员，可以在纽约27家饭店使用赊账卡记账用餐消费。持卡人不必支付现金，只需出示信用卡，并在账单上签字确认，酒楼即会通过银行办理收款。

此举一出果真大受欢迎，入会者纷至沓来。于是，拉尔夫在1958年对外公开发行了世界上第一张信用卡——美洲银行信用卡，并成立了美国美洲银行车队信用卡公司。

案例分析：

拉尔夫充分利用了两个联想思维进行创新活动，一个联想思维是吃饭时联想到他在油站里办了的赊账单，第二个联想思维是他由自己的窘境联想到他人也会遇到类似境况，由于产生了要办信用卡的念头。联想思维在拉尔夫创办信用卡的过程中起到关键性的作用。

所谓联想，是指由一种事物想到另一种事物的过程，这两件事物之间必然有一定的关联性。这种关联性可以为相似的外形，如蜻蜓和飞机，也可以为相似的特性，如风扇和空调，甚至可以为看起来风马牛不相及，然而在一定程度上具有某种关联的事物，在人们的普遍动作中同作为被递呈对象而得到关联。而联想思维，则是通过事物之间的关联、对比，在人脑中瞬间获得创造性灵感的思维活动。因此，联想思维能为灵感思维提供途径，灵感思维是联想思维的一种归宿。

联想思维是思维主体本能的一种思维活动，但与灵感思维一样，并非所有人都能通过联想思维获得创新实践，只有通过一定的逻辑思维方式，才能发挥其创造性，如图3-4所示。

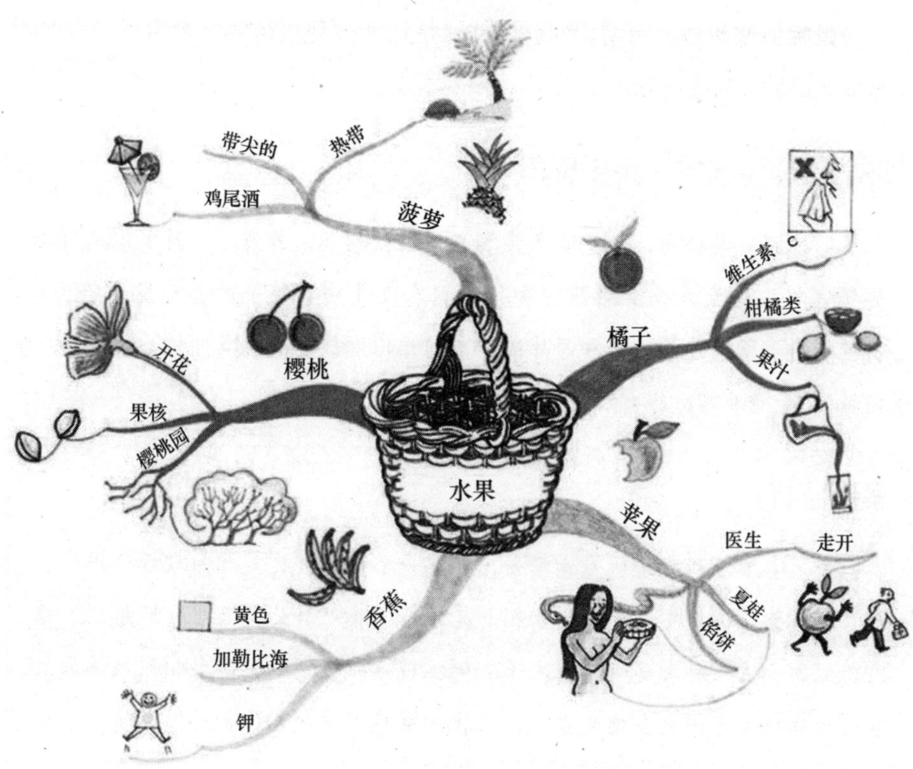

图 3-4　联想思维活动

联想思维可以有效激发创意的产生，根据不同的联想方式大概可以分为相似联想法、因果联想法、对比联想法；按照不同的联想条件可以分为自由联想法和强制联想法，如图 3-5 所示。

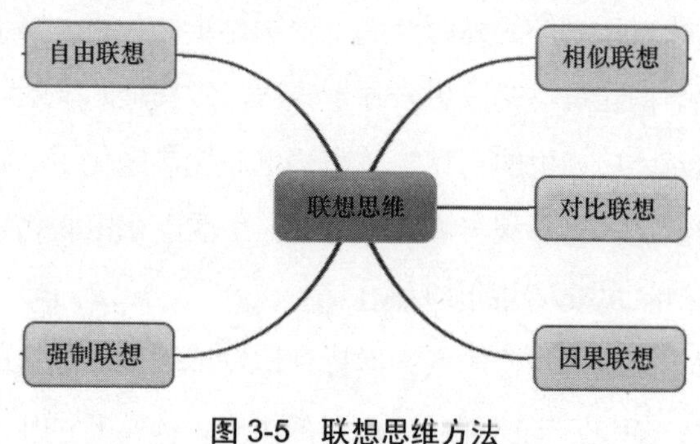

图 3-5　联想思维方法

一是相似联想法。所谓相似联想法，是指通过观察某些事物的某一方面或者整体的属性，构建出新的属性相似的事物的方法。

案例："孪生姐妹"克隆玩具

美国一家玩具公司，从克隆羊多利身上得到启示，开发了一种类似的玩具：只要顾客将一张女儿全身彩照附上一张填有女儿明显特征的表格发送给公司，公司就能根据所描述的内容和照片制作与其相似度极高的玩具娃娃，取名为"孪生姐妹"，生意非常火爆。

案例分析：

由克隆羊多利联想到为顾客女儿克隆一个玩具，这是相似联想作用的结果。玩具公司从克隆羊多利的长相与其父亲一模一样的消息中，联想到可以用类似的方法来解决现实中独生子女的孤独、寂寞问题。这种相似联想方法依赖于联想客体间的直接关联性，因此从联想客体间相似的外形、特性引起的联想都属于相似联想的范畴。

利用事物之间的相似性进行创新，是最简单也是最具实效的一种创新思维。人类的许多发明其实都与相似联想有关，如莱特兄弟由大鸟飞翔联想到人也可以飞翔，于是发明了飞机。再如，本书前面提到的鲁班造锯的故事，鲁班由自己的手被一种齿状植物划伤的经历产生了发明锯子的灵感，属于相似联想的思维形式；蜂巢状结构建筑物的设想来源于蜂房；微波炉的发明就是工程师斯潘塞在做雷达实验时，口袋里的巧克力被雷达电波加热融化了的联想，还有飞机与蜻蜓、蝙蝠与雷达、迷彩服与蝴蝶，等等，生活中相似联想思维的创新创造随处可见，可见相似联想方法的应用之广。

中国四川省有个叫姚岩松的人，他意外地发现屎壳郎能滚动一团比它自身重几十倍的泥土，却拉不动比那块轻得多的泥土。他曾开过几年拖拉机，他联想到能不能学一学屎壳郎滚动土块的方法，将拖拉机的犁放在耕作机身动力的前面，而把拖拉机的动力犁放在后面呢？经过实验他设计出了犁耕工作部件前置、单履带行走的微型耕作机，以推动力代替牵引力，突破了传统的结构方式。

二是因果联想法。所谓因果联想法是面对某些无法解决的问题的时候，通过思考和寻找其蕴含的因果联系，从而构建出新事物的方法。

案例：为解决妻子烦恼而成就的创新企业家

湖北省沙市有一个叫张书林的香料厂工人，他的妻子因为工作的缘故，天天要用消毒水泡手，还要用肥皂洗手，既费时又伤皮肤，妻子对此颇为烦恼。张书林把妻子的话记在了心里，他觉得妻子的烦恼是因为洗涤用的材料无法满足妻子的要求，由此联想到可以创造出一种新的洗涤材料，达到既能消毒杀菌，又能去污的效果。于是，他用了 4 年的时间，大量学习专业知识和反复试验，终于发明了符合要求的“康宝洗衣粉”，这一发明也让张书林一度成为有名的创新企业家，并获得了大量的物质财富。

案例分析：

张书林因为要让妻子免除伤肤的烦恼而发明“康宝洗衣粉”，先有原因然后有研发成果。这种由“因”到“果”的创新方法，其实就是因果联想创新法。由“因”到“果”，或者由“果”联想到“因”，都是因果联想的方法。法国一位将军由军队的厨师在大轰炸中将锅盖在头上而幸免于难的这一结果，联想并发明了可以戴在士兵头上起保护作用的钢盔，就是因果联想运用的结果。

事物的因果联系与事物之间的联想，具有一定的跳跃性，因果联想法的依据也就是这种思维有内在联系的跳跃。张书林从生活中的一些微不足道的小难题，联想到自己可以创造的新事物，这是一个常见但是实际上相当奇妙的思维过程，只不过我们大多数人都没有去思考过这个过程是如何完成的，以至于忽略了因果联想在事物创新时所起到的作用。

因果联想法体现的是人脑对事物发展的原因及结果的经验判断和想象，其作用基础是联想物之间存在的因果关系。如通常情况下看到鸡蛋就联想到小鸡或母鸡；看到蚕茧就联想到飞蛾；看到灰烬就联想到火一样，因果联想法在日常生活中的运用也不计其数。越是普遍的事物越容易被人忽略，越难找到突破口，也越难进行创新。因此因果联想思维一般都需要与其他创新思维方法联合使用。

三是对比联想法。对比联想就是凭借事物间突出的对立或差异进行的联想思维方法，事物间的差异越明显，进行创新性创造活动的空间就越大。

案例：黑抱娃与白手臂的对比联想

韩国金光中曾生产并销售一种黑皮肤玩具——抱娃。他为这种玩具投入了巨大的广告成本，但是销量依然不见起色，最后库存堆积非常严重。金光中的儿子是一位爱思考的年轻人，他对商场中身穿游泳衣的女模特那双雪白的手臂印象特别深刻。最终他想到利用黑抱娃与白手臂的强烈色差对比来吸引受众的眼球。这个方法果然效果明显，从商场大厅路过的女孩大部分都会情不自禁地上前打听：“这个‘抱娃’真好看，请问哪儿有卖呀？”很快，积存的抱娃都被哄抢一空。

案例分析：

利用黑和白的强烈色彩对比将黑色的抱娃凸显出来，很容易就吸引了顾客的眼球。后来案例中的儿子又利用这种效果，找来几位皮肤白皙的女孩手持黑抱娃到人多的路上去“招摇过市”，不但引来大量行人驻足观看，连媒体也被吸引了过去。第二天，各大报纸的头版都刊登了报道和照片。没想到，就是儿子这样的灵机一动，居然在韩国掀起了一股“抱娃”热，甚至引起了全球范围内的“黑白配”热。归根结底，抱娃推销方法之所以能够取得巨大成功，是因为其恰到好处地运用了对比联想思维的方法。

由于生活中随处可见对立的事物，因此对比联想思维的可运用领域比较宽广。时尚设计元素中的撞色、文学创作中的对比、反衬手法，甚至是反语等表达方式，如“青山有幸埋忠骨，白铁无辜铸佞臣”，就是对比联想法的具体运用。

相反特征的事物或相互对立的事物间所形成的联想，主要依赖以下几种对比：

- 性质对立
- 优缺点对比
- 色彩对比
- 大小对比
- 强度对比
- 方向对比
- 好坏对比

对比联想的例子很多，如：

- 沙漠—森林
- 光明—黑暗
- 黑—白
- 上学—放学
- 水—火
- 温暖—寒冷

……

四是自由联想法。自由联想法即利用思维主体的生活习惯、实践经验等，让人脑不受限制地自由地进行联想的思维活动，从而激发创新的方法。

案例：“扫帚”扫雪？

有一年冬天，美国洛杉矶的空中电缆上被覆盖了厚厚的雪，严重影响了当

地的通信质量。美国通用电力公司因此紧急召开会议商讨对策。会上，采用自由联想的思维方法，总裁让每个人畅所欲言，想到什么说什么，但有个前提就是必须具有较强的可操作性。会议间，有人提出把扫帚绑在飞机下面，飞到电缆上面去扫雪的建议时引起了哄堂大笑。但最后实践证明，由此改进的用直升飞机的螺旋桨进行扫雪的方法是最经济最省力的方法。可见，放飞思维的无限制的自由联想能够发挥巨大的潜力，为人脑创新实践提供更广阔的空间。

案例分析：

本案例中采用的就是自由联想法进行创新，这个方法与大脑风暴法在一定意义上是相同的，不过自由联想法有时可由一个人进行操作。让人们采取无拘束的自由联想来寻找方法，然后对寻找出来的方法进行可操作性的改进，最后找出可实施的创新方法。

自由联想法是利用思维主体的生活习惯、实践经验等，让人脑不受限制地自由地进行联想的思维活动，从而激发创新的方法。自由联想的无限制性为创新性创造提供了广阔的空间。它首先被用于探索性的心理测验，是心理学家弗洛伊德进行精神分析的主要方法之一。后来被广泛应用于企业会议中，经常与头脑风暴法一起，在企业决策与方案制定过程中发挥着出色的作用。

五是强制联想法。强制联想法即给定一定的包括功能、内容、目的等的规则，进行强制性联想，以找出创新方法的一种联想方法。

案例：孙正义依靠强制联想创造 250 项发明

日本软件银行总裁孙正义（如图 3-6 所示）早年在美国留学的时候有个癖好：不管多忙，每天都会抽出 5 分钟强制自己想一项发明。

方法就是随机翻开字典，找出 3 个词，努力寻找它们之间的联系，组合成一个新东西。看似无聊的活动，一年坚持下来竟然有 250 多项发明，令人咋舌。其中“可以发声的多国语言翻译机”以 1 亿日元的高价卖给了夏普公司，这使得还没毕业的孙正义就已经成为了富翁。

图 3-6　孙正义

案例分析：

孙正义于 1981 年创建了软银集团，短短 33 年成了一个信息技术帝国，被美国《商业周刊》称为电子时代大帝（Cyber Mogul），推崇备致。孙正义能有今天的成就，与他每天根据随机翻到的单词进行联想的思维方法有关。强制思维方法可以有意识地激发自身的灵感，使得自身思维中出现一些本来就不相关的组合事物，而这些本来没有出现过的组合事物很有可能就是创新点子。

强制联想法是与自由联想法相对而言的，自由联想是无限制地不限目的地进行联想，强制联想则是给定一定的包括功能、内容、目的等内容的规则进行的联想，它们之间各具特色又有联系，自由联想为强制联想提供方法，强制联想的过程实则有自由联想的缩影。

一般情况下，科学、艺术等领域的创新性设想经常用到自由联想思维方法，在不限定条件的前提下容易引发一系列的连锁反应，容易产生天马行空的创造。但是在某个专业行业中，如通信行业，具有一定的局限性和专业性，要求设计师要以服务对象为中心对产品进行创新性改进，这时候运用强制联想法，给设计师一定的规则和条件，为了达到某种目的而进行联想，才能避免南辕北辙，集中精力，有所创造。

普劳斯特说，“真正的发现之旅并不仅仅只是为了寻找全新的景色，而是为了拥有全新的眼光。”如果创新思维的运用就是为了拥有全新的眼光，那联想思维就好比是一个万花筒，转动一次万花筒，就能为创新思维提供一片全新的景色。联想能为创新提供柳暗花明的设想，是进行创新创造不可缺少的有力工具和手段，如图 3-7 所示。

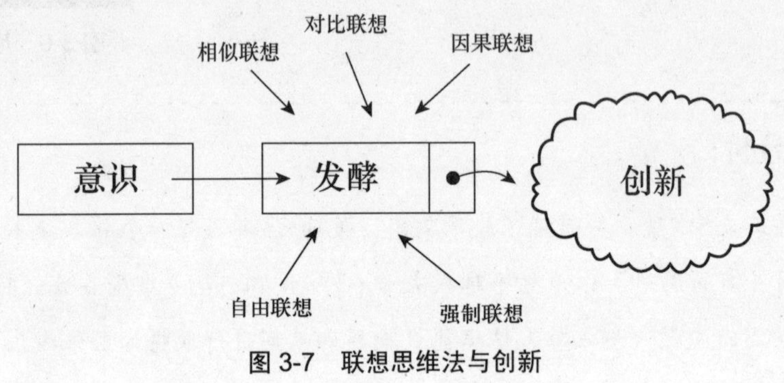

图 3-7 联想思维法与创新

三、跨越柏林墙——想象思维的妙用

案例：跨越柏林墙的种种方法

1961 年，当时为了防止人们通过民主德国边境逃到所谓的“自由世界”联邦德国去，在柏林城中的交界地修建了又高又厚而且通电的柏林墙，如图 3-8 所示，但自从 1961 年柏林墙修建到 1989 年柏林墙倒塌之间的近 30 年间，有大量的人通过各种方式跨越柏林墙逃到了联邦德国，他们都用了哪些方式呢？

图 3-8 柏林墙

据统计，他们用了无数个方法，其中使用较多的有以下方法。

1）借用亲戚朋友的通行证，从关口过去。

2）在薄弱的城墙部位爬过去。

3）从河中游泳过去。

4）飞车钻过交通站。

5）用推土车直接撞墙，撞开后直接冲过去。

6）从地下挖地洞钻过去。

7）造一个潜水艇，从河里过去。

8）造一个热气球，从上空飞过去。

9）藏在汽车引擎盖内过去。

10）在近城墙的地方跳楼过去。

11）用弹簧将人弹射过去再用降落伞降落。

……

案例分析：

近古十年间，有大量的人通过上述的种种方式到达了联邦德国，他们是具丰富想象能力的人。事实证明，只要想象得到，并采取严密的措施，几乎都可以跨越柏林墙；反之民主德国中有更多的人没有丰富的想象力，或者不敢于尝试，因而他们没法跨越柏林墙，只能老老实实地待在柏林墙以东的民主德国里，与联邦德国的亲人相隔两地。

想象，是人脑在一定表征意义的基础上，对潜伏在意识中的知识、经验进行改造、加工或重组的思维活动。想象思维可以是无限制的自由想象，也可以是为了达到某种目的而进行有意识的想象。想象思维的创造性能为创新创造实践带来绵绵不断的源泉，是人类进行创新性改造不可或缺的思维方式。

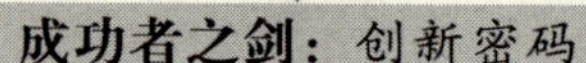

想象思维是在头脑中对表象进行加工改造而形成新的形象的活动。它可以分为无意想象和有意想象，两者的区别在于是否有自我意识的调节控制。有意想象又可以分为再造想象和创造想象。再造想象是根据他人对事物的描述在脑海中产生新形象的过程。创造想象是没有现成描述而创造出新形象的过程。幻想、理想和空想都是创造想象的表现形式。以上这些想象思维的具体模式，在人们进行创新活动的时候，常常会发生作用，我们也可以在面对困境无法可解的时候利用这些思维模式激发创新想法的出现，如图 3-9 所示。表 3-1 具体给出各种想象的解释说明。

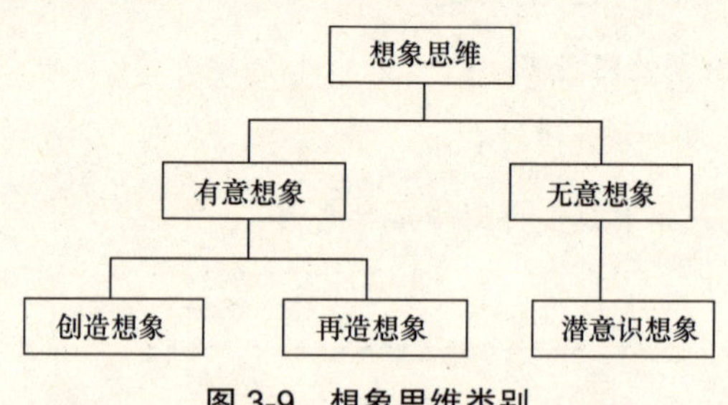

图 3-9　想象思维类别

表 3-1　想象类型定义

<table>
<tr><td rowspan="2">有意想象，又叫随意想象，是在刺激物的影响下，依据一定的目的而进行想象的过程。有意想象是一种富于主动性、有一定程度自觉性和计划性的想象</td><td>再造想象，根据语言的表述或非语言的描绘(图样、图解、模型、符号记录等)在头脑中形成有关事物的形象的想象，就是再造想象</td></tr>
<tr><td>创造想象，根据一定的目的、任务，在脑海中创造出新形象的心理过程。用以积累的知觉材料作为基础，使用许多形象材料，并把他们加以深入，通过组合，创造出新的形象来</td></tr>
<tr><td colspan="2">无意想象，又叫不随意想象，是指没有预定的目的，没作任何努力，常常是在意识减弱时，某种刺激下，不由自主、自然而然地在头脑中出现的一些新的想象。它常由客观事物的某些外形特征所引起。比如，抬头看见天上的白云或远处的山石，可能想象出某种动物或人的样子；人睡眠时做的梦；精神病患者在头脑中产生的幻觉；由药物引起的幻觉，都是无意想象</td></tr>
</table>

想象思维是人脑的特殊创新潜能和优势潜能，给创造提供了自由翱翔的空间。爱因斯坦说：“想象力比知识更重要，因为知识是有限的，而想象力概括世界的一切，推动着进步，并且是知识的源泉。”想象思维并不会随着知识的增多而减弱，学习知识并保留对知识的质疑，相信有更多超越已知的知识，保持着“知道得越多越无知”的观点看待世界，想象力才会因为知识变得更有力，更有方向。反之，如果被已有的东西或知识束缚了想象力，人就会因为过于相信知识而失去了想象的翅膀。

想象思维是人类重要的创新性思维，利用好创新思维，可以大大拓展人们的思想空间，从而找到创新的源泉与灵感。通过想象思维获得创新成果的案例非常多。

案例：想象思维解码广告策划

美国著名香烟厂商菲利浦·莫里斯原先将自家香烟定位为女性香烟，命名为万宝路，并做出“犹如五月般的温柔”的广告，但是历经 9 年都未能打开市场。后来委托了著名的利奥 - 伯内特广告策划公司进行策划，利奥 - 伯内特公司对万宝路原先的广告进行了分析，发现其作为消费人群的地位出现失误，女性烟民并不是稳定的、庞大的消费群体。因而建议重新进行广告定位，变换目标消费者。菲利浦·莫里斯公司经过调查后发现“二战”后的美国青少年学习抽烟以表示自己已经脱离父母。于是他们利用想象思维拍出了新的广告片：在西部的大草原上，飞奔的马群由远而近。一位牛仔骑着马缓缓趋近，然后猛然策马而去。在这一霎那间，他手指间夹着的冒着一缕青烟的万宝路显现了出来，而后隐没在夕阳之中。这个广告完美地塑造了一个独立与叛逆的形象，使万宝路打开了市场并取得了成功，如图 3-10 所示。

图 3-10　万宝路牛仔

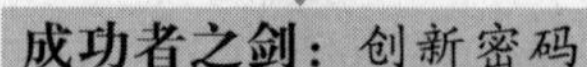

案例分析：

利奥-伯内特在本案例中的创新方法是捕捉青少年的想象力，并利用青少年的想象力创造广告意境，从而推出了大胆创新的广告创意，以阳刚的美国男子汉形象来作为万宝路香烟新的形象代言。这样独立与叛逆的形象迎合了青少年对于自我新形象的想象和塑造，通过引发消费者群体的想象思维来引起其购买欲望，因而获得了巨大的成功。

案例：迪士尼乐园的想象力

“米老鼠之父”沃尔特·迪士尼是一个以梦想改变世界的传奇人物。

他创造了米老鼠的卡通形象，如图 3-11 所示，将动画电影带进了艺术的殿堂，创建了迪士尼乐园，以非凡的想象力传播欢乐。在迪士尼公司的发展中，无数迪士尼人以无限的想象、天才的创意和精湛的技术使其成为一流的娱乐公司。

图 3-11　米奇老鼠

案例分析：

迪士尼的成功是建立在无与伦比的想象力和创造力上的，无论是米老鼠还是长篇动画电影《白雪公主》《灰姑娘》《木偶奇遇记》《小鹿班比》以及梦幻王国——迪士尼乐园都洋溢着沃尔特·迪士尼和无数迪士尼人的想象和创意。这些动画和服务让人们感受到了惊奇、满足和快乐，这是想象力独特的作用。

再如，现代社会里，精神产品的需求市场越来越大，文化产业在经济中的地位也越来越重要，而想象思维在文化创造中有着独特的作用。日本 CAPCOM 公司开发的以丧尸恐怖元素为主题的《生化危机》，二十世纪福克斯出品的以外新文明为主题的《阿凡达》等科幻类题材的作品，都是在利用和发挥想象思维的基础上进行的创新。除了科幻题材外，还有基于古老神话传说的以神魔为主要元素的玄幻题材等可以开发。而这方方面面的开发创造都要积极发挥想象思维的作用，不断焕发新的生命力来完成。

有人充分发挥了想象思维，描绘了一个 3000 年以后的生活漫画，认为 3000 年后，人们洗澡会变得很简单，裤子可随便变换颜色，人们的皮肤可以通过烤面包机随时变白或变黑，背包可以背人走路而不需要人背着背包走路，机器可以推人在睡眠中锻炼，人们可以在互动中看电视……人们的想象思维可以非常丰富。

事实上，上述“3000 年以后的生活”所反映的点子都属于创新思维，如图 3-12 所示，只要我们据此进行充分而有实效的创新研究，最终是能够推进系列创新成果的。

图 3-12 3000 年后的生活

图片来源：http：//group.mtime.com/abnormal/discussion/142485/，2014-06-30

利用想象思维进行创新的例子还很多，比如，当前鞋业竞争非常激烈，某鞋厂要创新他们的鞋子产品，他们可以通过想象思维进行创新，下面是创新思维的形式，如表 3–2 所示。

表 3-2　鞋子的创新思维形式

想象一下	据此进行的创新
鞋子可以吃	鞋子加药，可以吃（吸收、治疗）高血压、关节炎、胃病
鞋子可以说话	鞋子播放声音，可播放问候语、道别语
鞋子可以扫地	带静电，可吸尘、拖地，走到哪里就吸/拖到哪里
鞋子可以指示方向	鞋面上装指南针，一旦偏离就报警
鞋子一磨就破	一次性鞋子，用过就扔掉

大部分事物都可以按照上述的想象思维进行创新。这就需要我们好好地培养我们自身的想象思维能力。一般而言，更多地畅想未来是培育想象能力的好途径，如多写诸如《假如我是……》《我希望……》《新世纪畅想》《30 年后我们再相见》的文章，会对提高想象能力有帮助。另外，多使用思维导图、曼陀罗图、鱼骨图（后面的章节将会提及）将会有利于提高想象思维能力。

四、比尔·盖茨和马云——超前思维成就的创新型富翁

世上或许没有能够未卜先知的神仙，但是却总有一些人，能够通过对事物发展规律的观察，对未来发展趋势做出准确的预判。这些人可能是政治家、科学家或者企业家，但是，无论从事哪一类职业，他们都毋庸置疑地被称为社会的“精英”。

案例：超前思维成就创新梦：比尔·盖茨和马云

电脑计算机自 20 世纪 50 年代诞生后，由于其性能不稳定而且电脑又大又笨，一套就占了整个房间，少有人问津。尽管如此，年少的哈佛大学学生比尔·盖茨（图 3-13）还是对电脑产生了浓厚的兴趣，到 70 年代时，比尔·盖茨敏锐地感觉到电脑未来的巨大发展潜力，预言“计算机终将成为每个家庭、每个办公室中最重要的工具”。为此，1975 年 7 月，不到 20 岁的盖茨和艾伦在亚帕克基市创立微软（Microsoft）公司，致力于研发可用于电脑的“微电脑软件”（Micro-computer Software），经过艰苦卓绝的工作，终于研发了一系列用于电脑的操作程序（包括窗口操作软件），改进了电脑质量，方便了人们对电脑的操作，推动了电脑的发展，比尔·盖茨也因此成为了世界首富。2007 年，比尔·盖茨进一步预言，机器人也将重复电脑走过的路径，成为人们生活中最重要的工具，“未来家家都有机器人”。

在中国，同样具有超前眼光的马云（图 3-14）成就了他的创新梦、财富梦。1994 年底，马云首次听说互联网；1995 年初，他偶然去美国，首次接触到互联网。对电脑一窍不通的马云，在朋友的帮助和介绍下开始认识互联网，并且体验到了互联网给人们工作生活带来的便利。在当时中国人还普遍没接触到互联网的时候，马云就敏锐地感知到：互联网将改变人们的工作与生活。为此，马云开始创办他的互联网公司——“中国黄页”，成为中国最早的互联网公司之一。1999 年 3 月，马云正式辞去公职，在杭州创办阿里巴巴公司，开发电子商务（B2B），而这种模式被称为“互联网的第四模式”——开创了中国电子商务的先河。经过若干年的努力，如今阿里巴巴已成长为中国最大、最具特色的电子商务平台，市场估值 1400 亿美元，两次被美国权威财经杂志《福布斯》选为全球最佳 B2B 站点之一，而马云的身家达到 425 亿美元，成为中国首屈一指的富豪。

图 3-13　比尔·盖茨

图 3-14　马云

案例分析：

比尔·盖茨和马云都是由于具备了超前思维而成就创新梦和财富梦的极好的例子。比尔·盖茨在 20 世纪 70 年代别人还没看好电脑时，就已坚信电脑的未来并致力于研发电脑的应用软件；而马云在 90 年代国人还没完全认识互联网时就敏锐地感知到互联网的光明前景，并在实践中开创性地创办互联网公司。在他们成功之后，许多后来人想方设法复制他们成功的经验，但后来者都难以达到和超越他们的创新高度。创新者永远都是走在前头的。

所谓的超前思维，就是在综合分析事物的客观情况后，把握未来的发展趋势、判断发展结果和状态，从而做出决策的思维活动。超前思维是一种具有强烈前瞻性、创造性的创新思维方式，是一种具有科学预见性的意识。

在人类逐步迈进信息社会的今天，知识的创造和信息的传播速度越来越快，立足现在已不能满足发展的需要。谁超前抢占未来的制高点，谁就站在更有利的位置，占据更多的优势。

中国改革开放以来，在每一波经济浪潮，如在个体经济户的下海潮、股票发行的原始股、房地产投资、电子商务、资本运作等中抢占先机的人都收获了巨大的成功。正如李嘉诚的一段表述：“当一个新生事物出现，只有 5% 的人知道时，赶快做，这就是机会，做早就是先机，别管是什么行业；当有 50% 的人知道时，你做个消费者就行；当超过 50% 时，你看都不用看了。”超前思维，对市场发展趋势做出预判，做出正确的决策是超前者应具备的智慧，也是人们走向成功的重要要素。超前思维在许多方面都发挥着重要的作用。

超前意识往往与创新挂钩，见识卓远的企业家们寻找到常人没有发现的市场并进行开发，占据了领先的地位；或预见将要兴起和繁荣的市场并迅速进行开发和占据，通常能得到丰厚的回报，而这正是创新的先兆和表现。这种预判就是超前思维发挥作用的结果。苹果公司、本田企业等著名企业都是这方面的范例，而且这部分企业往往能占据较多的市场份额和较高的行业地位。

超前思维在商业创新上有着极其重要的作用。日本东芝公司总经理土光敏夫预见了第二次世界大战之后石油航运的重要性，将目光集中在 10 万吨以上的巨型油轮，设计出前所未有的 20 万吨级、30 万吨级超大型油轮，拯救了石川岛造船厂和日本造船业。日本江崎糖业预见了成人泡泡糖市场的迅猛发展，瞄准泡泡糖巨擘“劳特”的市场缝隙，在其成人泡泡糖推出缓慢的当口，抓住机会推出功能性泡泡糖，挤进了被“劳特”独霸的泡泡糖市场。荷兰的“凑趣”商店则是以超前的决策积极推销自身的产品。“凑趣”商店是根据骤雨的特征在路边提供雨伞、雨靴等并宣传自家商店的一种经营模式。超前思维在商贸竞争中往往能使企业发现生机，寻找到发展的方向和道路。

随着时代的发展，新技术新发现日益涌现。如何开发应用这些新的技术和发现已开发的技术的新应用是社会财富创造的重要途径，而这样的开发亟须超前思维的运用。因而，在这个科技就是生产力的时代，超前思维显得极其重要。1947 年 12 月，美国贝尔实验室的研究人员成功地研制出世界上第一个可以将音频信号放大上百倍的晶体管。但当时美国方面只应用这项技术开发了助听器。索尼公司在 1953 年以 2.5 万美元买下这项当时不被看好的专利。1957 年，索尼利用这些技术成功地研制出世界上第一台能装在衣袋里的袖珍式晶体管收音机

“TR-55”，投放市场后出现了爆炸性的销售效果。索尼公司因此发展了起来，甚至就此带动日本的微电子工业在世界上独领风骚数十年。一项新技术的发现如何转化为生产力和利润是现代生产和企业发展常常会遇到的问题，索尼老总井深大和盛田昭夫超越晶体管的当下功用，从这项不起眼的技术中发现了新的商机，用未来的眼光预见了晶体管对于微电子产业的重大意义且采取了切实的行动，因此取得了巨大的成功。

阿里巴巴的开创者马云正是意识到 B2B 模式对于互联网产业的重要性才取得了成功，并逐步完善中国电子商务体系，占据电商的大量市场份额，构建盈利模式。腾讯 QQ、网易博客等的成功也与阿里巴巴有着异曲同工之妙。超前思维使更多的技术得到开发和转化，再进而转化为生产力和利润。

案例：超前意识成就万达的创新梦与财富梦

万达集团（图 3-15）自 1988 年创立以来一直在各个方面保持创新，开创了房地产行业的先河，谱写了一曲又一曲的传奇：1989 年，万达突破建房面积标准限制，在室内设计中引入明厅、明卫等概念；1992 年，万达率先推出欧式住宅、欧式大厦。万达是大连市第一个使用塑钢门窗、消音 PVC 管材和第一个给住宅小区安装卫星电视的开发商。万达是中国最早实施旧城改造、实现跨区域发展战略、最早提出承诺制、最早推行订单地产经营模式的集团。

图 3-15　万达集团

因为不断创新，万达迅速崛起并成为国内业界龙头企业之一。

案例分析：

“创新”二字贯穿了万达二十几年的发展史，且体现在万达的方方面面。在战略方面，当中国多数房地产企业和开发企业还在做住宅式房产时，万达已经开始做商业地产；当房地产行业向商业地产转型时，万达占据了足够的优势。万达这种走在前头，保持领先地位的意识是超前思维的一种体现，也是其创新的生命力所在。

那么，如何树立超前意识呢？我们认为没有捷径，唯一的办法是多了解行业内、行业外的最前沿的信息，多了解国内国外有关的专业性前沿信息。为此要利用一切可能的途径（包括互联网、电视、报纸、科学情报、参观访问、实地考察、访谈、学习等），获得尽可能多的本行业、其他行业的前沿性信息，并科学预测未来本行业的发展趋势，及早探索、及早行动，才有可能比他人更快地推进创新行动，获得创新成果。

五、未来银行账户——发散思维的种种功用

案例：未来的银行账户

当前银行争夺客户的竞争相当激烈，有人说银行卡（账户）即将消失，当然这是指银行实体卡（账户），但也有人认为账户将得到创新。为了保存银行账户用户，获得更多的存款，不少银行在未来账户的研发上下足了工夫。未来银行账户是什么样子的呢？

图 3-16 显示的是按照发散思维而获得的未来银行账户的创意：未来账户将与身份证融合；将变成无形的，通过声音就可以支付；未来账户将与人体器官融合，通过指纹或 DNA 就可以支付；未来账户可以实现监控功能；未来账户将为人们带来医食住行方面的便利；未来账户将可以办理各种各样的业务（如订票、平安钟等）……

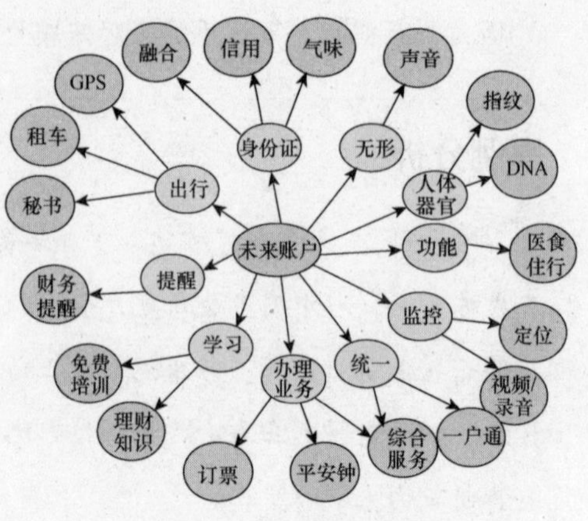

图 3-16　未来账户设想

案例分析：

银行之间为了争夺客户，必须在银行账户上推进创新，上述案例展现了一个以发散思维为方法推进的银行账户的创意，即从中心位置向四面八方进行扩散性思考，并找到创新点的一种办法。这种办法是人们在一定信息量的基础上充分利用扩散思维进行创新的好办法。

不仅仅是银行账户，当前在手机功能的开发上，也可以运用发散思维。只要你想得到，手机都可以提供这种功能。比如你可以用手机来看小说、看新闻、玩游戏，当然，也可以用手机拍照、看电影，甚至你可以把它当做闹钟、手电筒、秒表或者日历，这些都还是一般手机自带的功能，如果再扩充一点，加上各种应用软件增加的功能，那就更加数不胜数——一些女生甚至可以用来记录经期或者监测减肥。清点起现代智能手机的种种便利，让我们不由得想起，手机出现的最初不过是用来打电话而已，更进步一点也不过是可以发短信。而今天，它却承载了我们生活越来越多的需求。从单一的功能到多元化、全方位的功能发散，手机的多种用途是发散思维在创造中的良好体现。

所谓发散思维，又称辐射思维或放射思维、扩散思维，是指在面对一个问题时，人脑中呈现出一种扩散状态的思维模式，它表现为思维主体同时想出解决问题的多种方法，呈现出多维发散的状态，如举一反三、一题多解、触类旁通等，如图 3-17 所示。不少心理学家认为，发散思维是创造性思维最主要的思维方式之一，在很多领域被用来作为测量创造力的标志之一。

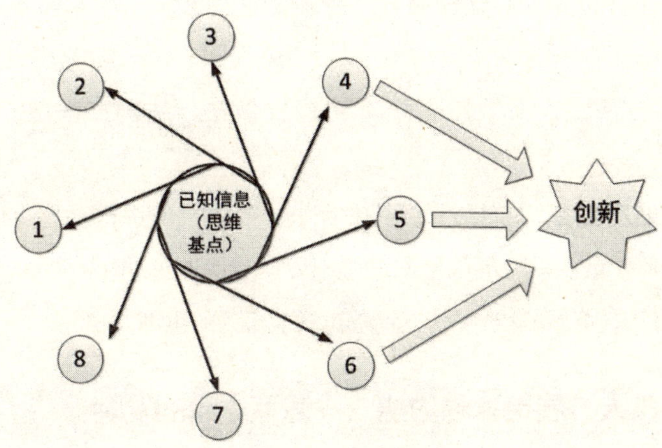

图 3-17　发散思维

发散思维要求思维主体的思维向四面八方扩散，无限制地进行天马行空的想象，甚至异想天开。通过思维的扩散，从而找到解决问题的新点子、新出路、新方法，甚至新创造。与其他创新思维方式的不同之处在于，发散思维在数量上有很明显的优势。它要求从一个已知的信息（思维基点）出发，尽可能多地寻找信息的归宿，再从众多归宿中筛选出最优方案。因此发散思维能为创新实践提供强有力的前提条件。

创新思维的途径是多种多样的，创新点所在的思维层面也是多维多方向的，这就给发散思维提供了一个广阔的用武之地。发散思维的思路，就像是来源于同一个问题发源地的江河，以不同的姿态、不同的速度奔腾向前，最终殊途同归汇入创新这片大海。这种从发源地分散出来的众多小江小河，为创新大海提供了不少的源泉，就像伽利略说的：“科学是在不断改变思维角度的探索中前进。”

20 世纪 70 年代后期，面对经济裹足不前甚至倒退的现象，日本官方决定在全国范围内推广“设想运动”（也有的称为“进谏运动”），充分体现了群众的集体力量之强大。单单丰田汽车公司在一年的时间里就收到了38.1万项建设性建议，其中包括不少创新性创造、设想、改进，采用率超过80%。虽然丰田汽车公司奖励这些建议的开支达到3.3亿日元，但该公司当年的净收入就提高了160多亿日元。这种集思广益的发散性思维，直接推动了日本经济的发展。

在发散方法上，发散性思维有功能发散法、结构扩散法、方法发散法等。

一是功能发散法。功能发散法即将所要创新的功能进行发散从而获得创意的办法。功能发散法从产品的基本功能出发，寻找产品功能的新作用方式和作用目标，以最终达到开发新市场、刺激新需求目的的思维方式。

案例：日本人扩展电冰箱功能——微型冰箱的发明

20世纪末期，全球电冰箱市场在较长时间里一直处于被美国垄断的状态，而且几乎每个家庭都配备齐全，其市场已经接近饱和，日本冰箱企业几乎已经没有什么出路了。日本人在进行了全面的调查后，通过功能发散法将冰箱的功能由家庭使用扩展至办公室、野外、汽车等使用，有意识地引导和刺激了人们潜在的消费需求，从而达到了创造市场需求、寻找产品的新出路、开发新市场的目的。

日本人据此发明了微型冰箱，尤其受到市场欢迎，如图3-18所示。这种微型冰箱可以被随身携带至办公室、野外等地，强大的便捷性为其提供了巨大的市场需求，以至于投入市场初期即被哄抢一空。

图3-18 微型冰箱

案例分析：

本案例中，日本人通过将冰箱的功能扩展，从而达到开拓市场、创新产品的目的，不失为一种成功的创新方法。在当前我们的工作生活中，大多数的产品功能都是可以扩充的，而当我们实现这些产品功能的扩充时，就是我们推进创新之时。

功能发散利用了发散思维或发散思维对象的功能灵活性，寻找新方法，开拓新思路，为思维客体寻找新出路，最终能够引导思维对象走向成功。

二是结构扩散法。结构扩散法即从事物的结构出发进行的发散思维活动，通常情况下是在事物的本来结构上做轻微的改进或改变，就能收到意想不到的效果。然而对于结构稳定的事物来说，结构的改变就意味着功能的改变，有时候结构的改变就能使事物焕然一新，甚至脱胎换骨，这体现了发散思维的独创性。

案例：瓶装味精结构的改变

日本有一家专门生产瓶装味精的公司，生产的味精瓶盖上有4个小孔，使用方便，再加上做工美观、质量好，投入市场初期销量非常好。但是一段时间后销量出现了下滑，而且公司想尽办法改进款式、容量皆于事无补。后来一位主妇向公司提了一条看似微不足道的建议，公司采用后销量居然提高了近四分之一：在瓶盖上多开一个孔（或两个、三个孔）。原来一般主妇在使用的时候都习惯性地甩两三下，多开一个孔，加大了味精的使用量，自然就提高了产品的需求量，如图 3-19 所示。

图 3-19　瓶装味精

案例分析：

瓶装味精以便捷性、美观性和高质量在市场上赢得了一席之地，员工们在考虑对其进行改进的时候都只想着从其外观和质量上入手，甚至尝试着改变其便捷性，从站立式瓶装改为悬挂式瓶装，结果都收效甚微。主妇的建议取得成功，主要是建立在其从瓶装味精的结构上入手，通过细致入微地观察使用者的使用习惯和产品的结构之间的联系，提出创造性建议。这种从思维客体的结构入手去改变其结构特征，包括增大、缩小、调整、搭配等方法，达到改变事物功能的目的，从而产生独创性设想的思维方式被称为结构发散。

结构发散法，要求我们在产品的结构上进行扩散性思维，即首先罗列产品的结构特征，然后对产品的特征进行一个全方位的审视，并以试验的形式改变产品的任一结构，看看能得到什么结果？引起什么变化？发生什么效果？产品结构的改变，其功能或者作用方式往往会产生意料不到的创新。

三是方法扩散法。方法扩散法即通过操作方法的扩散来达到创新目的的方法。这种通过改变常规方法的思维方法同样具有很强的创新性。

案例：东芝风扇的销售方法创新

1952年，日本东芝电器公司积压了大量风扇。在总裁的带领下，公司所有员工都在销售方法上进行扩展性头脑风暴，他们提出很多种解决积压库存的方法，包括促销、打折、转变市场、奖励、赠送等方法。其中一位名不见经传的小职工提出：把风扇改成彩色的，立即得到了总裁的高度赞扬。原来那个时候全球的风扇不论是扇叶还是外形都是黑色的，东芝的风扇也是如此。东芝公司的风扇质量比较好，但顾客却很难在众多厂商中一眼认出它们来。公司决定采纳将风扇改成为彩色的建议，之后果然销量大增。这个做法不但为东芝公司树立自己的品牌形象带来契机，还引领了世界彩色风扇的时尚。

案例分析：

诸如风扇、冰箱等实用性电器商品，解决其积压库存的方法很多，只要利用方法扩散法，通过集思广益，一定能够找到有利于产品销售的创新方法。在小员工提出彩色风扇之前，人们的意识、观念里全是黑色的风扇，要解除这种思维定式和传统观念进行创新实属不易，而能够从创新中获得成功更是难上加难。

通过发散思维想出来的方案、方法等具有数量上的优势，有时可以同时想出几个甚至十几个不同的方案，其中有些是别生开面、没有先例的异想天开，其对错、可行性等都暂时无法得到验证，必须通过实践才能做定夺。这是发散思维的独创性特点。这种特点决定了发散思维的冒险性，甚至有些发散产物创新性比较高，需要思维主体摈弃旧观念的束缚，勇于冒险和尝试。

1987 年，我国在广西省南宁市召开了我国“创造学会”第一次学术研讨会。会中日本学者村上幸雄拿出一把曲别针，请大家动动脑筋，打破框框，想想曲别针都有什么用途？比一比看谁的发散性思维好。会议上一片哗然，七嘴八舌，议论纷纷。有的说可以别胸卡、挂日历、别文件，有的说可以挂窗帘、钉书本，大约说出了 20 余种。大家问村上幸雄：“你能说出多少种？”村上幸雄轻轻地伸出三个指头。有人问：“是 30 种吗？”他摇摇头，“是 300 种吗？”他仍然摇头，他说：“是 3000 种。”此时，坐在台下的许国泰先生说：“幸雄先生，对于曲别针的用途我可以说出 3000 种、30000 种……幸雄所说曲别针的用途我可以简单地用四个字加以概括，即钩、挂、别、连。我认为远远不止这些。”接着他把曲别针分解为铁质、重量、长度、截面、弹性、韧性、硬度、银白色等 100 个要素，用一条直线连起来形成信息的栏轴，然后把要动用的曲别针的各种要素用直线连成信息标的竖轴。再把两条轴相交垂直延伸，形成一个信息反应场，将两条轴上的信息依次“相乘”，达到信息交合……于是曲别针的用途就无穷无尽了。例如，加硫酸，可制氢气，可加工成弹簧、做成外文字母、做成数学符号进行

四则运算，等等。这其实也是运用发散思维进行创新活动的生动例子。

六、谁都会喜新厌旧——求异思维真有用

渴望改变，渴望生活中出现哪怕只有一丝的新意，这是现代人一种常见的心态。如今听见的是被重复了无数次的话，从事的是被重复了无数次的事，接触的是熟悉的不能再熟悉的人，每天看着大同小异的广告，用着山寨仿造的商品，过着年复一年、日复一日的生活。我们需要不一样的感觉，需要眼前一亮，需要刹那间的惊喜。

正是在高度重复的社会里，我们更需要求异的创新思维，你说的话、做的事、你生产的产品、你创造的艺术，需要新的思路。

案例：日新月异的手机

手机自从诞生以来，外形与内容功能都发生了日新月异的变化，早年手机是大而笨重的“大哥大”；后来的手机王者是诺基亚，它们制造的手机沉而结实，很受消费者的欢迎；不久之后，摩托罗拉设计出折叠手机，十分受欢迎，一度取代了诺基亚的位置；而当苹果推出触摸式手机 iPhone 后，手机市场的智能化趋势势不可挡；随着手机越变越小、越变越薄，三星反其道而行之，推出了大屏幕手机 Galaxy Note，一时引领时尚，如图 3-20 所示。

案例分析：

手机的演变历程，充分说明人们喜新厌旧的特性。没有人能够对同样款式的东西保持长期的兴趣。一款产品推出后，若不能随着形势的变化及人们审美观念的改变而改变，就必然会被人们所抛弃。人们都有着求异的要求，而利用自身的求异思维推进产品 / 服务的创新，是创新最好的途径之一。

图 3-20 日新月异的手机

所谓求异思维，就是不按常理出牌，颠覆原有的思维逻辑，是人脑自主地将已储存的知识、理论进行重组，自觉地打破思维定式和思维习惯，在常规思维中寻找突破点并产生众多独特方法的思维方式，是人们从实际出发又不被实际所束缚，进行创造性思考，从而找到新出路，再解决新问题的思维过程。所以求异思维很重要的一点就是要打破常规，解放思想，另辟蹊径，标新立异。

美国心理学家吉尔福特曾经为求异思维下过这样的定义：求异思维是人脑从所给的信息中产生信息，从同来源中产生各样为数众多的输出。按照这个说法，求异思维就是从问题基点出发，不断打破旧观念的束缚，产生新方法的思维过程。求异思维是发散性思维、联想思维和想象思维、灵感思维共同作用的结果，对人脑进行创新创造提出了更高的要求。

在电视节目里，对于各种已经编排好的新闻节目，人们已经提不起什么兴趣，各种套话、空话，已经让人觉得无聊，如图 3-21 所示。人们希望打破既定的生活逻辑，希望出现颠覆性的变化和新思维。

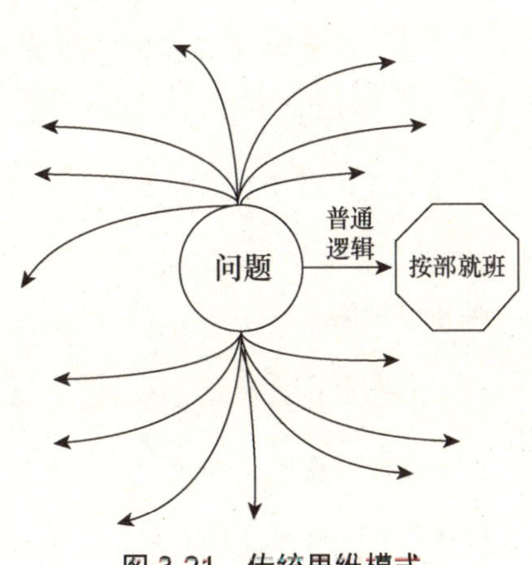

图 3-21 传统思维模式

求异思维与众不同的地方在于其创造结果的独特性和新颖性。它需要非常敏锐的洞察力和准确深刻的记忆力以及用于探索新思路新方法的冒险精神。这整个过程，其实就是对已知领域知识和实践的重新整合和迁移。因此，求异思维在“求异”的过程中，其方法多种多样，在此我们列举三种比较典型的方式。

一是多向求异法。多向思维是求异思维最主要的表现形式。它体现为从问题或现状出发，从不同角度、不同方面、不同层次去探索问题的根源所在及解决办法。其功能就是为了避免产生单一、枯燥或乏味的结果。因此，多向思维在企业营销策划中被运用得最多。

案例：小米的多向求异法则

自2010年小米公司成立以来，不到5年的时间，该公司的资产就超过400亿元。2014年，小米手机在中国的销量超越苹果、三星等一直占据中国手机市场巨大份额的手机品牌高居榜首。这有赖于小米公司运用的有别于其他手机销售方法的“网上抢购”方法，在民众中反响剧烈。除此之外，在抓住消费者的消费需求的同时，小米手机还首创了多彩后壳、打出“为发烧而生”的口号，可以说，小米是在营销手段（饥饿营销）、客户服务（小米发烧友培育）、产品设计（性能外观）多管齐下的求异操作下，成就了国产手机的销售奇迹，如图3-22所示。

图3-22　小米手机

案例分析：

小米手机的求异是多方向、多方位求异，不仅在产品设计上，而且在销售上、客户服务上都进行了求异操作，这使得小米在顾客中留下了非常独特的印象，也成为了创新的代名词。

多向思维与发散思维相同的地方就是，在问题面前，人脑都是从不同点、线、面去解剖问题的根源所在以及从不同的层面去寻求问题的解答，从而得出不同的解决问题的方法。不同之处在于，多向思维是为了达到某一目标，从多个问题基点入手，从各个方面寻求能达到共同目标的新思路、新方法。

二是变形求异法。变形求异法即是指通过改头换面的方式来达到原来按照正常路径无法完成的目标的方法。

案例：德国青年的变通法

第二次世界大战后的德国依然处于信息封锁状态，社会上普遍出现了“信息饥荒”，各种信息的缺失导致了信息的严重不对称性，大家都在寻找各种途径获得所需要的信息。一个年轻人意识到了信息的重要性，从境外购进了不少收音机，想借此大发一笔。然而在联军封锁下的德国，明令禁止出售和制造收音机。此种情况下，年轻人想到了一个好办法：把一部完整的收音机拆成一个个小零件，并把零件和线路装进盒子里，作为组装玩具出售。这个方法果然很灵，逃过了联军的搜查，也为他带来了不小的收益。

案例分析：

上述德国青年采取变通的方法达到了原定要达到的效果，这点与我国改革开放初期一些地方的做法有异曲同工之妙。当时在广东一些乡镇，在改革开放初期，在发展经济上采取了“遇到绿灯赶紧走，遇到红灯绕道走”的变通方法，终于取得了经济发展的先发优势，经济始终走在全国的前列。

变形求异法我们今天听起来似乎很拗口，但实际上，它所代表的方法论却是我们早就耳熟能详的，如“明修栈道暗度陈仓”“围魏救赵”“声东击西”等，其实都是广义上的变形求异，都是脱离事物原来的行进路径而另辟新径取得预定效果的方法，如图 3–23 所示。

我们在思考本公司的产品 / 服务设计时，必须要思考：如何才能做到跟别人的不一样？跟以前的不一样？如表 3–3 所示。

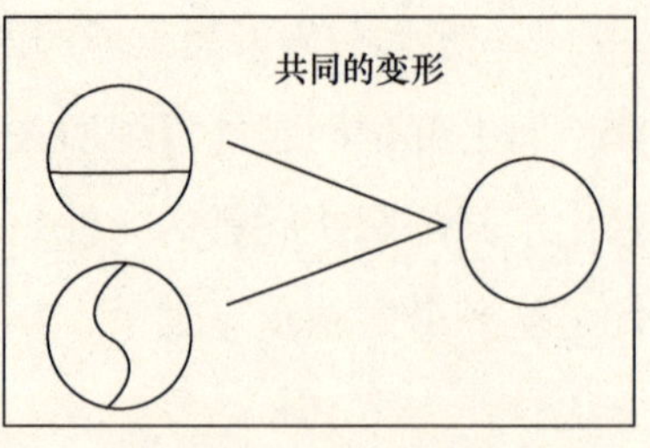

图 3-23　变形求异方法

表 3-3　用变形求异法思考产品 / 服务

差别上的要求	与自己以前的不一样	与同行/竞争对手不一样
产品外观		
产品/服务功能		
产品服务销售手段/渠道		
产品/服务目标人群，价格定位		
产品/服务的售后服务		
产品/服务的广告形式		

有人会认为上述方法是“为了差异而差异”，并不具有价值。但我们认为任何的差异都有可能给顾客带来不一样的体验、不一样的感觉，一定会是有价值的差异与创新。

七、反其道而行之——逆向思维的功用

案例：法国逆向推销马铃薯

土豆（马铃薯）从美洲引进到法国，但它很长时间没有被推广。宗教迷信者认为土豆是“鬼苹果”，医生们认为土豆对人的健康有害，而农学家断言土豆

会使土壤变得贫瘠。著名的法国农学家安瑞・帕尔曼彻决意要在自己的家乡种植它并使之推广，但效果甚微。

于是帕尔曼彻想方设法得到国王的许可，在一块出了名的低产田上栽培土豆。根据他的请求，白天由一支身穿仪仗服装的、全副武装的国王卫队看守这块地，称之为守卫“禁果”；但到了晚上，警卫就撤了。这时，人们受到禁果的引诱，每天晚上就来偷土豆，并把土豆种到自己的菜园里。这样，马铃薯终于在法国推广开来。

案例分析：

帕尔曼彻之所以能成功，是因为他抓住了人们的逆反心理。逆反心理是被引导者由于引导的某些特点，从而对某一事物在态度上的变化。通俗地说，就是：“你不说还好，越说越不听。”上述故事中表现出来的，就是心理学上被称为“禁果逆反”的心理现象。运用“禁果逆反”有时可能会取得意想不到的“成功”。

逆向思维，是颠倒已经司空见惯的现象或一般的思维惯性的思维方式，实际上是求异思维的一种。勇于“反其道而行之”，打破旧观念、旧习惯的束缚，从事物的对立面入手，深入地探索问题的相反面，挑战人脑惯性，这是逆向思维最突出的特点。当人们已经习惯于从事物的发展规律去思考问题的时候，出其不意的逆向思维往往能够带给大家思想上、感官上的冲击。

传说有一位商人的朋友跟他借了 2000 元，但还款期限快到了的时候，商人却发现借据丢了。商人清楚地知道借据丢了如果被朋友知道，他是很容易赖账的。焦急万分的商人寝食难安，这时候他的另一个朋友对他说：“你给你朋友写封信，说借他的 2500 元很快就到还款期了。”商人很不理解：“借据丢了，我现在连 2000 元都恐怕拿不回来，怎么可能叫他还我 2500 元呢？”但是商人还是照做了。很快商人就收到回信：“朋友，我跟你借的是 2000 元，不是 2500 元，我会很快还你的。”就这样，商人又拥有了朋友跟自己借款的证据了。这就是著名的“哈桑法则”。在解决问题时，很多人都会在思维定势中打转，最后只能干着急，问题的解决办法却依然遥遥无期。“哈桑法则”运用的这种逆向思维，从结果出发反向去寻找可行的办法，往往办法就在眼前。

逆向思维的普遍性体现在其表现方式的多样性。成语中的“颠倒黑白”“绿肥红瘦”“左顾右盼”“南辕北辙”等都表现出对立统一和矛盾性，从思维的角度讲，都至少有一对正反顺逆的过程。

化学反应中的正反应和逆反应、物理现象中的电生磁和磁生电现象、数学思维中的合情推理与演绎推理，这些正反对比、普通与特殊的现象都是逆向思维的典型表现。也正因为有这些对立面的存在，才给逆向思维提供了广阔的应用空间。

一般而言，逆向思维具有普通性、批判性、新颖性三个特点，因而相对应的方法也有反转逆向思维法、缺点逆向思维法、转换型逆向思维法如图 3-24 所示。

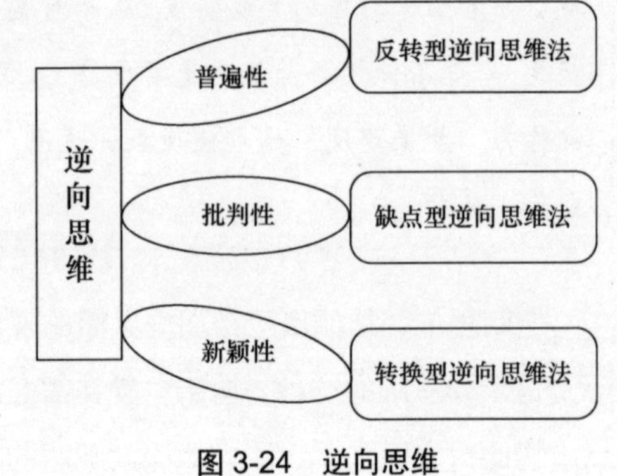

图 3-24 逆向思维

其一，普遍性与反转型逆向法。唯物辩证法的观点认为，万事万物都是对立统一的，包括人类社会、人类思维在内，所有事物都具有内部矛盾性，这种普遍的对立统一决定了逆向思维的普遍性。

案例：逆向原理发明的吸尘器

1901 年以前，所有的除尘器都是吹风的。英国人布斯到伦敦莱斯特广场的帝国音乐厅参观这种由美国人发明的除尘器表演。这种吸尘器用压缩空气把尘埃吹入容器内，但布斯认为此法并不高明，因为许多尘埃未能吹入容器。后来，他反其道而行之，用吸尘法。布斯作了个很简单的试验：将一块手帕蒙在椅子扶手上，用口对着手帕吸气，结果使手帕附上了一层灰尘。于是，他制成了吸尘器，用强力电泵把空气吸入软管，通过布袋将灰尘过滤。这种吸尘器一直沿用至今，成为了一百多年来人们最重要的家用电器之一，如图 3-25 所示。

图 3-25 吸尘器

案例分析：

当人们从正面无法得到较好的效果时，不妨反过来试一试，说不定能得到奇效，吸尘器的发明充分说明了逆向创新的重要性，"反一反，效果奇"。

利用这种逆向方法的人很多，如香港富豪霍英东，早年香港的房子都是先建好房再出售，但是这个思维惯性却在霍英东时代被打破。霍英东早年是位穷困潦倒的水手，在反复思考"难道不能先出售再建房"之后，他摸索出了一套先通过广告征揽买主，将设计稿模型化后分层出售楼宇的新模式，有时候还采用分期付款的方式预售楼盘。这样一来，既解决了建筑的资金周转问题，又能使普通老百姓都住上商品房。由于资金充足、分期付款的形式新颖，立信建筑置业公司建造出来的房子质量上乘，口碑极佳。短短几年内，该公司出售的高楼就遍布了整个香港地区。霍英东这个既非建筑专业出身又非房地产销售老手的"穷光蛋"，用不长的时间就成为身价过亿的亿万富翁。在普通老百姓眼里，他就是典型的"一夜暴富"大亨，在他自己眼里却是有赖于其不断挑战旧观念束缚的坚持。早年的霍英东因为买不起房而苦恼，这种窘境迫使爱思考的他出现了"先售房，再建房，分期付款"的逆向"变戏法"式的念头。很明显，这种"戏法"变得很受老百姓拥护。

其二，批判性与缺点逆向思维法。逆向是相对正向而言的，正向思维是指常规的、被人们公认的想法与习惯。逆向思维则是与正向相反的，别开生面的、打破惯例的，克服思维定势，冲破旧传统观念和习惯的新的认知模式和思考模式。逆向思维的这种勇于挑战常规的属性决定了它必须具有强烈的批判性。

案例：丑陋玩具的发明

美国艾士隆公司历来都生产色彩多姿的非常漂亮的玩具，董事长希耐在一次散步的时候，看到几个小孩子在玩一只非常丑陋的昆虫。于是他茅塞顿开：一直以来，人们都认为外观优美、符合黄金分割比例的作品才能让人赏心悦目，这种思维惯性实在害人不浅。“丑陋”的玩具其实在一种程度上也是“美”，特别是当人们对美好事物的思维惯性已经接近厌烦，丑陋东西就成了市场上的稀缺资源。因此艾士隆公司开始生产丑陋的玩具，譬如橡皮做的“粗鲁陋夫”和印有许多丑陋面孔的“疯球”等“丑陋玩具”，迅速占据了不小的市场份额。

案例分析：

人们已经习惯某种事物的正反面、优缺点，比如飞机的高速优点及其对飞行环境的高要求性缺点、美丽长相的优点及丑陋长相的缺点等，逆向思维的批判性属性告诉我们，缺点是相对的，缺点在某种情况下能被转换为优点。

优点或缺点，是被人们下定义的，只能在一定的条件束缚下才能相对地比较优劣得失。但是这种优劣经常被人们奉为真理，经常羁绊着人脑进行创新。

其三，新颖性与转换型逆向思维法。循规蹈矩的思想和方法解决问题时总是会给人刻板的感觉，逆向思维的方法总能摆脱习惯的束缚，从人们陌生的一面去寻求问题的解决办法，常常能带给人耳目一新的感觉，这就决定了逆向思维所具有的新颖性，而这也是逆向思维能够作为创新思维工具之一的根本所在。在解决或研究问题的时候，常规的方法行不通，不一定需要完全从问题的对立面来考虑，换一种思路、换一种角度去思考问题，从而使问题得到顺利解决也是逆向思维的一种方式。这种思维方法在逆向思维中最为常见，叫做转换型逆向思维法。

案例：把人关在笼子里面的动物园

早年的动物园都是把动物关在笼子里面供人观赏的，美曰“看猴”，但新西兰一个动物园突发其想，把人关在笼子里面，让动物在外面观看，收到了意想不到的效果，动物园一时爆满，如图 3-26 所示。

图 3-26 关在笼子里的人

案例分析：

当人们已经厌烦了原来的做法之后，沿用老方法已经难以收到效果了，这时不妨反过来试一试，既能达到新鲜的效果，又能刺激人们的好奇心，达到新体验、新感觉的目的。

转换型逆向思维法在发明创造中也有很多运用。当绞尽脑汁用尽常规的方法也无法解决问题时，它就派上了用场。甚至有时候，转换一个思维，出乎意料的小发明、小创造能够直接刺激人们的需求。

《围炉夜话》中写道："为人循矩度，而不见精神，则登场之傀儡也；做事守章程，而不知全变，则依样之葫芦也。"逆向思维告诉我们，阻碍我们成功的不是我们对未知的恐惧和捉摸不透，而是被已知的甚至是熟悉的事物束缚住了。解放思想，敢于打破常规，标新立异有时候能给创新创造带来出乎意料的指引。

第 4 章
创新密码就在你我身边（上）

> 不创新是等死，乱创新是找死。
>
> ——佚名

对于很多人来说，创新是一个让人既熟悉又陌生的词汇，每天关于创新的言论充溢于耳，但是真让我们写出个所以然来，恐怕很多人无从落笔。

创新并不依赖于行为的随意性，或者准确来讲，创新是一门有规律的科学，它包含着一系列的方法体系，不讲方法的创新，是乱创新，打着创新名号自我陶醉、固步自封，是伪创新。

创新不易，当然也并不难，就如同小马过河，你没有亲身去实践过，就不知道，原来河水没有小松鼠说得那么深，也没有老水牛说得那样浅。

创新最宽广的领域，就在我们生活中，创新的真正密码，就在你我身边。

一、类比模仿

类比模仿，是创新最简单有效的方法。人们的智慧是无穷无尽的，如果单靠一个人的力量，想要在短时间内完全颠覆已有的文明成果，那是不现实的，因为最聪明的做法，是借鉴别人的智慧，拿来为自己所用。正如牛顿所言，他取得的一切成就，都因站在了巨人的肩膀上。

当然，我们并不提倡不经思考的“拿来主义”，别人的东西，终究是要经过批判和扬弃，然后才能真正开发出创新的价值。

1. 动物植物都可模仿

仿生学，在人类发展进步的历史上发挥了巨大的作用，它把我们学习的对象，从人类社会扩展到整个自然界，通过对动植物的种种特性的观察与研究，人类开发出大量的创新事物。

案例 1：苍蝇与宇宙飞船

令人讨厌的苍蝇，与宏伟的航天事业似乎风马牛不相及，但仿生学却把它们紧密地联系起来了。苍蝇是声名狼藉的“逐臭之夫”，凡是腥臭污秽的地方，都有它们的踪迹。苍蝇的嗅觉特别灵敏，远在几千米外的气味也能嗅到。但是苍蝇并没有“鼻子”，它靠什么来充当嗅觉的呢？

原来，苍蝇的“鼻子”——嗅觉感受器分布在头部的一对触角上。每个“鼻子”只有一个“鼻孔”与外界相通，内含上百个嗅觉神经细胞。若有气味进入“鼻孔”，这些神经立即把气味刺激转变成神经电脉冲，送往大脑。大脑根据不同气味物质所产生的神经电脉冲不同，就可区别出不同气味的物质。因此，苍蝇的触角像是一台灵敏的气体分析仪。

仿生学家由此得到启发，根据苍蝇嗅觉器的结构和功能，仿制成功一种十分奇特的小型气体分析仪。这种仪器的“探头”不是金属，而是活的苍蝇。就是把非常纤细的微电极插到苍蝇的嗅觉神经上，将引导出来的神经电信号经电子线路放大后，送给分析器；分析器一经发现气味物质的信号，便能发出警报。这种仪器已经被安装在宇宙飞船的座舱里，用来检测舱内气体的成分。这种小型气体分析仪，也可测量潜水艇和矿井里的有害气体。利用这种原理，还可用来改进计算机的输入装置和有关气体层分析仪的结构原理。

案例分析：

很少人会想到，对苍蝇的研究竟然也可以造福人类。其实大自然造物，凝聚着宇宙最高深的智慧在里面，每一种生物经过亿万年的优胜劣汰、进化繁衍，都在生存本领上有着过人之处。一方面，如果我们能够最大限度地把这些本领学到手，那么人类发展便有了无穷尽的智慧来源；另一方面，动植物的特性存在，就已经证明了某项技术是符合自然规律的，而不是毫无根据的空想，这为人类在创造发明领域节省了大量的论证工作。某种程度上，仿生学，是在为创新“作弊”。

再如，人类利用苍蝇和蜻蜓的复眼结构，发明了复眼照相机，如图 4–1 所示。

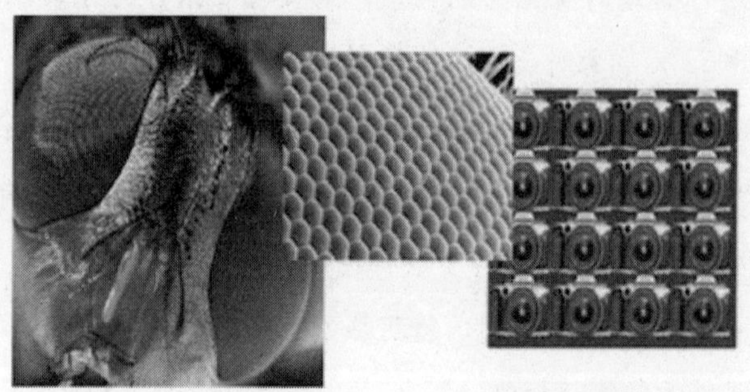

图 4-1 模仿苍蝇的复眼结构发明复眼照相机

动植物经过亿万年的筛选与改进，每一个生物都有着其不可比拟的优点，人类仿效生物进行的发明创新数不胜数，如表 4–1 所示。

表 4-1 人类的仿生学发明

蜻蜓振翅可上下翱翔	人类仿效并研究制造了直升机
蝙蝠可以发出和听到超声波	人类仿效研发了超声波并用于军事和航空
萤火虫可以发出光	人类仿效研发人工冷光

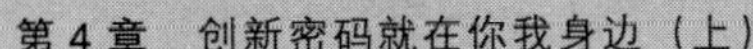

（续表）

蜜蜂使用轻型材料建房	人类仿效研发蜂窝墙板
海豚游速极快	人类仿效在鱼雷外层贴人造海豚皮
……	……

再如，利用对动植物的模仿，我们取得了数不胜数的创新成果。例如，我们从鱼身上获得灵感，制造出潜水艇；从鱼鳍想到划桨；从鲨鱼那里学会制造泳衣；从电鱼那里联想到伏特电；从水母的耳朵那里知道了风暴探测仪的制作；从鸟身上获得启发，制造出飞机；看见动物的鳞甲，做出了屋顶瓦楞；研究青蛙的眼睛，做出了电子蛙眼；利用蓝藻的光合作用研究，做出了光解水装置……

所以聪明的读者，在你为某个技术问题绞尽脑汁而不得其法的时候，出去大自然走走，看看那些飞禽走兽，说不定能从中获得一些灵感哦。

2. 拟人法——可口可乐曲线瓶的来历

在创新实践中，观察和发现的眼睛也不一定要只盯着自然界，其实人类本身就是上帝最伟大的创造物——如果上帝真的存在的话。

人体的美，在欧洲文艺复兴时代曾经作为艺术绘画创作的重要主题，例如达芬奇创作的大卫雕像，体现男性刚强之美，拉斐尔的《椅中圣母》，体现的是慈爱之美。当然，体现女性优美线条的作品更是浩若烟海。

创新行为中，如果要加入艺术美的元素，那么拟人是一种重要的手段。

案例 2：可口可乐瓶子的由来

1898 年鲁特玻璃公司一位年轻的工人亚历山大 · 山姆森在同女友约会中，发现女友穿着一套筒型连衣裙，显得臀部突出，腰部和腿部纤细，非常好看。约会结束后，他突发灵感，根据女友穿着这套裙子的形象设计出一个玻璃瓶。经过无数次的反复修改，不仅将瓶子设计得非常美观，很像一位亭亭玉立的少女，他还把瓶子的容量设计成刚好一杯水大小。瓶子试制出来之后，获得大众交口称赞。有经营意识的亚历山大·山姆森立即到专利局申请专利。当时可口可乐的决策者坎德勒在市场上看到了亚历山大·山姆森设计的玻璃瓶后，认为非常适合作为可口可乐的玻璃瓶包装，经过一番讨价还价，最后可口可乐公司以600万美元的天价买下此专利。亚历山大·山姆森设计的瓶子不仅美观，而且使用非常安全，易握不易滑落。更令人叫绝的是，其瓶型的中下部是扭纹型的，如同少女所穿的条纹裙子；而瓶子的中段则圆满丰硕，如同少女的臀部。此外，由于瓶子的结构是中大下小，当它盛装可口可乐时，给人的感觉是分量很多的。采用亚历山大·山姆森设计的玻璃瓶作为可口可乐的包装以后，可口可乐的销量飞速增长，在两年的时间内，销量翻了一倍。从此，采用山姆森玻璃瓶作为包装的可口可乐开始畅销美国，并迅速风靡世界，如图4-2所示。600万美元的投入，为可口可乐公司带来了数以亿计的回报。

图4-2 可口可乐

案例分析：

人体机理，无疑是生物进化过程中最深度的选择，因此模仿人类生理机能具有不可比拟的优势，其不仅在美学上存在优势，在物理学上也同样有着特殊的参照价值。亚历山大·山姆森设计的瓶子仿照对象便是人的身体。

或者有些人会说，人体本身可以仿照的空间太少，因为种类单一，形式固定。这种观点有其道理，但是却是思维受限的体现。

在世界拳击历史上，曾经有两大名将，拳王泰森和霍利·菲尔德，他们曾经有过意义非凡的争夺之战。在一次比赛中，泰森发起狠劲，竟然把霍利的一只耳朵给咬了下来——这一事件曾经成为人们热议的话题。其中有个商人，从中看出了商业价值，他把薯片做成耳朵的模样，然后命名为“霍利之耳”，结果这种薯片销量大增，让设计者大赚了一笔。如图 4–3 所示。

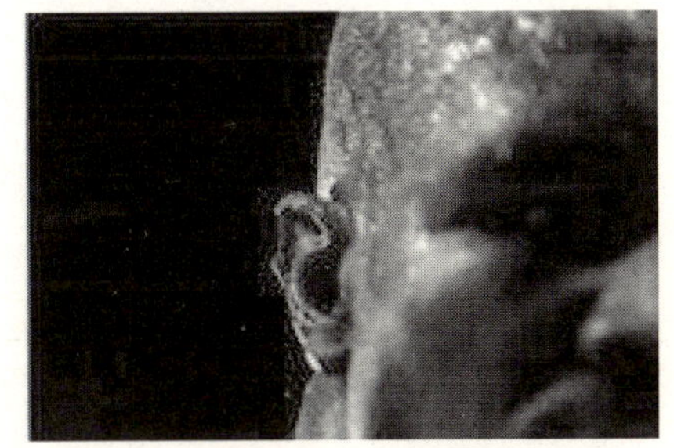

图 4-3　霍利之耳

在日本，有一种人体面包，就是把面包的样子做成身体的某一个器官，或者是手，或者是脚，或者是头颅，甚至是一个婴儿。这些面包的销量竟然也非常好，满足了某些人独特的好奇心。当然，这些重口味的拟人法我们不一定要照抄，但是其创新的思路确是可以借鉴的。

此外，拟人法所指向的不仅仅停留于人类的外形以及生理机能，其对人类行为的模拟和人类智能的模拟也是非常重要的内容。曾经有人苦恼于在一片草地上设计出一条合理的行走路径，旁人建议放开篱笆保护，人们很快就会自动走出一条路来，事实证明果然如此。可见人类行为具有一定的自然理性，运用得当就可以事半功倍。同时，随着机器人智能技术的发展，拟人原理极大推动了社会发展。

3. 移植领先者经验和技术

之前有种说法叫作：“中国制造”，这种说法体现了我们国家在发展起步阶段所面临的一种境况，因为积累有限，所以要短时间内完全做到自主创新，便显得尤其困难。但是，从另一个角度来看，在自身创造力有限的前提下，合理借用别人的文明成果，发挥“后发”优势，何尝不是一种创新捷径？

案例 3：“好声音”模式的成功复制

《中国好声音》（*The Voice of China*）（图 4-4）是由浙江卫视联合星空传媒旗下灿星制作强力打造的大型励志专业音乐评论节目，源于荷兰一著名电视节目《*The Voice of Holland*》，于 2012 年 7 月 13 日正式在浙江卫视播出。《中国好声音》不仅仅是一个优秀的选秀节目，更是中国电视历史上真正意义的首次制播分离。

图 4-4　中国好声音

荷兰著名广播电视音乐节目《荷兰之声》（*The Voice OF Holland*）在世界风靡一时，各个国家相继推出了本土特色的类似节目，《中国好声音》是由星空传媒旗下灿星制作公司，以三季 350 万元的价格从注册在英国的版权代理公司 IPCN 手中购买中国版权后制作的中国大型专业音乐真人秀节目。

《中国好声音》节目充分借鉴了国外已有节目的技术和经验，据说连节目中使用的四张转椅都是从英国空运过来的，同时也很好地做到了中国本土资源优化，体现了一定的中国特色。

得益于先进的经验和中国庞大的市场，《中国好声音》取得了巨大的成功，在赢取巨额物质财富的同时，也给人们的生活增添了重要的娱乐休闲，同时掀起了国内各大电视平台的“好声音”热潮。

《中国好声音》的灵感来源：

《荷兰之声》（*The Voice of Holland*）；

《英国之声》（*The Voice*）；

《美国之声》（*The Voice* [*U.S.*]）；

《爱尔兰之声》（*The Voice of Ireland*）。

案例分析：

《中国好声音》在中国可谓是红遍大江南北，无论你在什么时候打开电视机，选择任何一个地方频道，都有可能在播放某种“好声音”，作为一档电视节目，其主要创新方法在于模拟成功者的经验做法。当然，这套节目在引进中国的过程中，无疑也凝聚了创作人员的大量努力和创作灵感。

无独有偶，作为国内两大电视台巨头的另外一头，被戏称为“芒果台“的湖南卫视同样将这种模仿创新发挥到了极致。只不过它模仿的对象不是英美，而是韩国。

案例 4:《爸爸去哪儿》与《我是歌手》

《爸爸去哪儿》（图 4-5）是湖南卫视从韩国 MBC 电视台引进的亲子户外真人秀节目，参考自 MBC 电视台节目《爸爸！我们去哪儿》，由《变形计》制作人谢涤葵及其团队和《我是歌手》（图 4-6）制作人洪涛及其团队联合打造。节目中，5 位明星爸爸在 72 小时的户外体验中，单独照顾子女的饮食起居，共同完成节目组设置的一系列任务。

图 4-5　爸爸去哪儿

图 4-6　我是歌手

《我是歌手》（*I am a singer*）是中国湖南卫视从韩国MBC引进的大型歌唱真人秀节目。7位知名歌手同台竞赛，每场由500名现场听审决定歌手名次，两周累计票数（第一轮）或得票率（第二轮起），名次最低的歌手被淘汰，由另一位歌手顶替空缺。参加本节目的歌手都是在华人圈内拥有较高知名度、曾有唱片发行的实力歌手。

案例分析：

湖南卫视这两档节目无疑是模仿韩国已经取得了成功的节目，事实证明这种模式是经得起市场考验的。问题的关键在于，如何让在韩国风行的节目类型在国内也同样风行起来，于是充分挖掘中国本土的明星资源便是这两档节目能否取得预期收效的重点。很显然，湖南卫视在这方面很有实力并且很有经验，当韩国形式加上中国内容，"芒果台"又一次赚得盘满钵满。

如前文所述，模拟类比创新的一般途径有3个：生物仿生、人体仿生与经验移植，前面两个途径也可以归结为同一门类，那么我们可以认为模拟创新包括两大方面：仿生与移植。

仿生创新，目前已经发展成为一门独立的科学：仿生学。这门学科在现代科技发展中发挥了极大的作用。作为一门成熟的学科，仿生学的运用已经达到很高的层次，进一步地拓展，需要有良好的生物科技知识作为支撑，这一点对于我们普通大众而言，是一个门槛。但是需要注意的是，仿生创新，并不需要我们每个人都成为仿生学的专家，正如可口可乐案例一样，很多的仿生原理，其实并不复杂。除了运用在科技发明领域之外，仿生创新在商业设计领域，往往会显得实用和简便得多。举一个简单的例子，如果你是一名企业文案策划，你的上司要求你做一个舞台设计方案，运用简单的仿生学原理，你可以把舞台效果设计为一个海洋生物系统：海蓝的灯光背景，潮汐的声音效果，波浪的动感设置，自由遨游、宽广包容的方案主题……同样是仿生创新，但是你所需要的，并不是把自己变成一名海洋学专家。

移植创新，是一种非常实用的创新形式，但是它并不是我们一般理解的“拿来主义”。首先，移植创新需要广阔的视野和见识，否则移植就成了无本之源。现在的移植创新甚至需要一定的国际视野，当国内现有的一些模式难以满足创新需求的时候，跨国界、跨领域的经验移植已经发展成为一股不小的潮流。然后，移植创新需要以自身为本体，不能本末倒置，就如同植物嫁接一样，需要从母体充分吸收养分，否则结出来的果实，有可能成为无价值的怪胎。

模拟创新跟其他创新一样，需要做到以下几个方面。

1. 对大自然与社会生活的感受力。换一种说法，就是要对世界保持敏感度。麻木的人，即便你把创新的细节逐一告知，他也只会照本宣科，依样画葫芦，做不出真正的创新作品。对世界的敏感度，某种程度上可以看做创新人才的特质，那是一种难以言表的灵性，同样是面对一棵树，有人看到的是勃勃的生机，看到每一细节的变化；而有些人，只看到一个静态的、呆板的符号。而这种特质，是需要后天培养的。正如鲁迅所言，即便是天才，他出生的第一声啼哭，也不会是一首歌。仿生创新特质的培养，一方面需要后天的知识积累，另一方面也需要养成细致观察、独立思考的习惯。当你看到一个简单的自然想象的时候，你大脑的惯性不是置若罔闻，而是自动联想到它可以如何运用到我们的生活中，那么，就意味着你具备了仿生创新的个人特质。

2. 各种创新思维对大脑的改造。灵感思维、联想思维、发散思维、求异思维、逆向思维等，这些在上一章节给大家介绍的内容，正是仿生创新的必要利器。没有经过系统的思维改造的大脑，就如同一桶浆糊，没有办法堆砌出真正的创新构想。而创新思维对大脑的改造，则需要我们系统地训练和强化。正如一些人所言，如果你要改变世界，那你首先需要改造你的大脑。

3. 规避思维障碍。惯性思维、从众思维、迷信思维、保守麻木等思维习惯，常常让我们与创新机遇失之交臂，认真系统地对思维障碍进行辨别与认知，可以让我们少走一些弯路。

4. 锲而不舍的创新精神。创新自然不会是一件易如反掌的事情，在一个灵感火花闪现之后，紧接而来的是大量的具体困难，或是技术堡垒，或是资金瓶颈，或是时间限制等，不一而足。只有锲而不舍地坚持到最后，才能最终收获创新带来的丰硕成果。

5. 高效执行。很多时候，人们都会涌现出灵感的火花，但是更多的时候，这些灵感都只是昙花一现甚至一闪而逝。所以，一旦开始了创新之旅，那么就要保证每个细节、每个环节都落到实处，要把大脑中的东西，变成现实的创造。

在模仿创新中，也有几个方面的注意问题。

一是仿生创新要注意量力而行。俗语有云，没有金刚钻，就别揽瓷器活。很多的仿生创新，可能涉及到一些复杂的生物学知识，有一些甚至属于科学的未知领域，这方面的研究，需要耗费庞大的人才支持和资金保障。所以对于一般人来说，我们运用仿生原理创新，应当更加注重其简易性、实用性和巧妙性。

二是经验移植要注意合理规避法律问题。很多创新的产品或者模式，都存在专利保护问题，这也是创新利益应该享有的保障。因此，在使用经验移植方法创新时，应当尽可能做到利益共享而不是非法侵犯他人利益。例如比亚迪汽车在外形设计时，将各大品牌的汽车外形都充分模仿，但是却将这种模仿限制在法律允许的范围之内，很好地规避了法律风险。

三是经验移植强调自己的创新元素。简单的复制模仿不是经验移植方法所提倡的。如《我是歌手》《中国好声音》等电视节目，如果没有加入中国元素，不充分考虑国内市场特点，那么也就谈不上模拟创新。

二、微创新

在 2010 中国互联网大会次生论坛——网络草根创业与就业论坛上，360 董事长周鸿祎在论坛上建议网络草根创业者致力于“微创新”。周鸿祎认为，作为创业公司，创新非常重要，那怎么理解“创新”呢？他提出了一些人对创新误解的情况：很多人认为自己在小公司，属于草根阶层，做不出石破天惊的技术，也不能突然把这个行业颠覆了。有鉴于此，他认为应该有一种新的创新方式，就是“微创新”。

现代社会是物质文明高度发达的社会，单凭一己之力，要做出颠覆社会生活模式的创新革命，已经太难太难。因此，每一个想要创新的人，更加务实。只选择某一个领域某一个环节中的某一个方面，只要你在某一个细节上胜出，那么你就已经有了一定的竞争力。现代创业模式高度重合，即便你真的有一个天才式的奇思妙想，一旦你把它推向社会，很快你也会失去对它使用权的独占。因此我们可以做的，就是在一个个细节上不断改进，积小流而汇成江河，让无数小创新形成体系，这便是你的核心竞争力。

1. QQ的微创新——系统模仿，但通过不断改进缺点达到创新

腾讯 QQ，又被人们戏称为企鹅、扣扣，在时下中国，普及率极高。但是令人惊讶的是，QQ 在中国的历史并不长，可以说，它是以爆炸式的速度在发展用户的，并且通过其独特的手段把客户群体牢牢把握在手中。

案例：腾讯 QQ 诞生于微创新

QQ 是 1999 年 2 月由腾讯自主开发的基于 Internet 的即时通信网络工具——腾讯即时通信（Tencent Instant Messenger，简称 TM 或腾讯 QQ），如图 4-7 所示，其合理的设计、良好的应用、强大的功能、稳定高效的系统运行，赢得了用户的青睐。QQ 最初是模仿 ICQ，ICQ 是国际上的一个聊天工具，是 I seek you（我寻找你）的意思，OICQ 模仿 ICQ，并在 ICQ 前加了一个字母

图 4-7　腾讯网

O，意为 opening I seek you，意思是“开放的 ICQ”，但被指侵权，于是腾讯老板（马化腾）就把 OICQ 改了名字叫 QQ，就是现在我们用的 QQ。除了名字变化，腾讯 QQ 的标志却一直没有改，一直是小企鹅。因为标志中的小企鹅可爱迷人，很受女生的青睐，用英语来说就是 cute，因为 cute 和 Q 是谐音的，所以小企鹅配 QQ 也是一个很好的名字。

腾讯 QQ 并非简单地模仿 ICQ，而是在模仿 ICQ 的基础上进行了大量的微创新，修正和改进了 ICQ 的很多缺点。对比 ICQ，QQ 进行的微创新包括如下内容。

1）安装包很小。

2）第一版 QQ 就有头像。

3）能发送离线消息。

4）好友列表，展开时有动画效果和音效。

5）有显示谁在线上的功能。

6）ICQ 的全部信息存储于用户端，一旦用户换电脑登录，以往添加的好友就此消失，而 QQ 的用户资料存储于云服务器，在任何终端都可以登录聊天。

7）ICQ 只能在好友在线时才能聊天。QQ 首创离线消息发送功能，隐身登录功能，可以随意选择聊天对象，可以有自己的个性化头像。

8）ICQ 通过给企业定制的即时通讯软件获利，而 QQ 坚持通过面向消费者的免费服务寻求商业化机会。

案例分析：

QQ 成功的地方在于，它不只是模仿，关键是在别人的基础上进行了大量细小的修正和改进，一点点的修正改进汇成强大的创新成果，最终由微创新演变成为巨创新。

表面看起来，系统模仿的结果是新产品与模仿母体的大同小异，但实际上，正是无数个小问题的修正积累，量变引起质变，促成了新产品的生机和活力，这也是微创新的奥妙之处。

通过不断改进缺点来达到微创新，其做法与要义有两个方面。

其一，保持事物发展的运动性。随着社会变化节奏加快，一成不变的事物往往难以满足人们的需求，人们的需求在变化，那么也就相应地要求社会产品不断地适应这种变化。同时，大众需求的发展具有渐进性，这也就意味着绝大多数社会产品的改进不会是突变型的。这时候，微创新便是最合乎社会产品发展逻辑的发展方式。

其二，找出产品的缺点，不断加以改进。QQ 非常注重收集消费者的反馈意见，并且据此来不断地改进产品质量，以实现微创新。社会产品的缺点表现为两个方面，一是在传播效率上受到制约。例如，QQ 这一类网络产品，要求更加简单的操作模式，更加流畅的网络数据传输，更加人性化的风格设置等；二是产品功能上受到制约，腾讯的发展历程，某种程度上也是产品功能不断拓展的过程，它由一种社交聊天工具，拓展到网络游戏领域，再拓展到金融消费领域，甚至还从网络虚拟经济往实体经济渗透，表现出深度和广度双向扩张。其他产品的缺点改进思路也不外如是，以吸引更多受众为落脚点，以技术升级和模式改良为手段，不断地促使自身完善和发展。

2. 银行各种“宝宝”——模仿并进行本土化改造

案例：互联网金融的各种“宝宝”

回顾中国改革开放的历史，大家可以发现一个现象，那就是不断有人尝试打破银行的金融垄断，意图在社会融资领域分一杯羹。但是，民间阶层进入该领域的最后结局，除了民生银行成功转型以外，其他的基本上都因触犯相关法律而遭受牢狱之灾。非官方融资，就好比一个危险的王母蟠桃，大家都想去摘，但是偷摘的下场让大家都感到恐惧。

然而，这一现象在阿里巴巴的余额宝上得到了改写，作为先行的网络融资

工具，支付宝在短短的时间内吸纳了7000亿元的社会存款。同时，它以银行利率数倍的高收益和高效便捷的服务获得了公众的强烈支持。有了余额宝巨大的成功在前面作为范例，紧接而来的是一股互联网金融宝宝如雨后春笋，拔地而出的景象。微信推出了“理财通”，苏宁推出了“零钱宝”，网易的“现金宝”、百度的“百发百赚”……忽然之间，几乎所有的具备资金实力的网络企业巨头都加入了这一场盛宴。

案例分析：

实际上，互联网宝宝并非中国企业原创，因为美国的PayPal公司其实早在1999年就推出了美国版“余额宝”，只不过在运营十几年后已经从历史舞台谢幕。十几年前，全球在线支付巨头PayPal创造了将账户余额投资于货币市场基金的模式，获得了良好的口碑，以至于两年前PayPal宣布关闭这一服务时，不少用户表达了遗憾与不舍。但是需要指出的是，PayPal的结束与美国美联储特殊的低利率甚至于负利率政策有关。而由于金融环境的不一样，中国的金融宝宝则有可能规避这种风险。在充分评估PayPal的成与败的同时，中国的互联网宝宝开始了将这种金融产品本土化的征程。其一，通过大幅提升活期存款收益，削减了银行的垄断利润空间；其二，借助完善的安全赔付和客户服务，提升了金融服务的质量并且凸显了交易双方的平等市场地位。可以说，以余额宝为首的金融宝宝系列，其创新都是在细节上的一些进步，而并非技术革命或者是金融革命，一言以蔽之，就是将国外已经经历过兴衰的一种金融产品，移植到国内并将其具体化到国内市场而已。

有人说，互联网宝宝打破了原有的金融格局，将有可能危及银行业的生存，这可能稍微有些夸大其词，但是各种“宝宝”的出现，确实为民间资本进入融资领域提供了一种创新的方式，它们将民间融资和借贷的灵活性优势和高回报性，跟互联网的轻便性组合在一起，给银行系统造成很大的压力，这也是显而

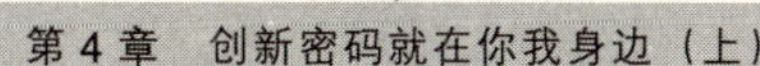

易见的。自然，银行系统的反应强烈也在意料之中，通过攻关政府，给民营宝宝设置行政限制，是一个重要的也是惯用的杀手锏，同时同步推出类似的竞争产品，也体现了银行系终于学会了市场手段。

案例：银行系宝宝

相比于互联网宝宝，银行服务具有更强的信用保障，同时因为银行内部的业务捆绑，具有一定的竞争力。但是，如果要应对互联网宝宝的挑战，原有的模式已经显得有点不合时宜，尽管只是一点点的差别，但已经足以让银行系统面临巨大的资金压力，于是在余额宝鲶鱼效应的驱动下，银行系统也开始了各种“宝宝”的微创新。例如中国银行推出了“活期宝”，平安银行推出“平安盈”，工商银行推出“薪金宝”，民生银行推出“如意宝”等，这些银行系宝宝，其微创新无一例外都向互联网宝宝看齐，如零元起购、高倍收益、零手续费、实时到账等。

案例分析：

如果说互联网系列宝宝是主动的创新，那么银行系宝宝便是被动的创新。但是无论是哪一方，它们的创新都不具备颠覆性的意义——前者是没有这样的底气，而后者是没有这样的意愿。更准确地讲，它们都是在为了生存而做出微创新而已。银行系“宝宝”的微创新，同时也运用着模仿创新的技法，将竞争对手的优点学习过来，再结合自身的信用优势和垄断地位，也很好地实现了一回市场竞争的防守反击。

3. 乔布斯的iPhone——系统模仿，但开发新体验

案例：乔布斯的 iPhone

“你觉得苹果的 iPod、iPhone 还有 iPad 有什么高、精、尖的技术突破吗？其

实没有，但苹果把现有的技术以一种新的方式整合在一起呈现在用户面前，提供了一种完全不同于 Wintel 的全新体验。靠这个占领市场后，苹果就快速推新版本，每一个新版都有新的用户体验。所以说，苹果是利用了做互联网软件的方式来做硬件。” 360 董事长周鸿祎如是说。

诚然，很多人都以为 iPhone 是触屏手机的发起者，但实际上，它最早于 1999 年现身，摩托罗拉在 1999 年末推出的天拓 A6188 手机，才是全球第一部具有触摸屏和中文手写识别输入的移动电话，算是智能手机的鼻祖。而第一代 iPhone，在 2007 年 1 月 9 日才由苹果公司前首席执行官史蒂夫 · 乔布斯发布，中间间隔了整整 7 年。而苹果所做的工作自然也不能被忽略，它将一些原本还不是非常成熟的技术更加完善，使之稳定和更有保障，同时将各种技术相互融合优化，构建出一套最优组合，它追求细节，力求完美，它把现有的技术水平发挥到极致。于是结果就是，它给消费者带来了全新的体验，乃至于苹果公司被认为是高科技的引领者——其实更贴切来讲，乔布斯是一个系统模仿的集大成者。

案例分析：

苹果手机的创新之处，在于其通过技术组合和技术改进来实现产品的多角度、多方位的微观发展，并将所有的微观变化融合到一起，形成全新的产品体验。在这一案例中，改变顾客的产品体验表现为两种方式：一是技术结构调整，实现产品性能优化；二是技术更新换代，实现产品性能提升。这两种方式有一个前提就是不能脱离原有的产品母体——苹果手机如果没有前面各类技术基础作为参照，后面的微创新也就无从谈起。

增强客户体验，作为创新的一个既定目标，为微创新提供了方向指南。创新必然是具有目的性的，甚至在一定程度上，承担着创造价值的职能。客户作为产品的使用者，具有对产品进行评价和选择的权力，因此微创新必须要围绕着客户体验来开展，包括创新的每一个细节，都要考虑是否更加有利于满足客户需求，是否对客户具备实用价值。

增强客户体验，要区别于原有的客户体验，而微创新则是造就这种区别的手段。将微创新进一步细化，一般而言，可以归纳出 5 种方式：结构重组、结构简化、结构扩张、个别技术升级和部分技术升级。以苹果手机而言，删除按键系统，属于结构简化，配置高清摄像和众多软件附加，属于结构扩张，以中央处理器技术发展为核心的技术群升级实现了整个系统的技术升级。以上几点属于微创新的核心内容，此外一些外观形状的改变，或者是定价策略的改变等，尽管有时候也会发挥意想不到的作用，例如小米手机的定价策略为其营销立下汗马功劳，但是这些都属于外围的创新。

4. 由ATM发展而来的VTM机——模仿但增强功能

案例：由 ATM 发展而来的 VTM 机

提起 ATM，我们都知道这是用来存钱、取钱的自动柜员机。而提起从 ATM 发展而来的 VTM，如图 4-8 所示，很多人却都会感到陌生。

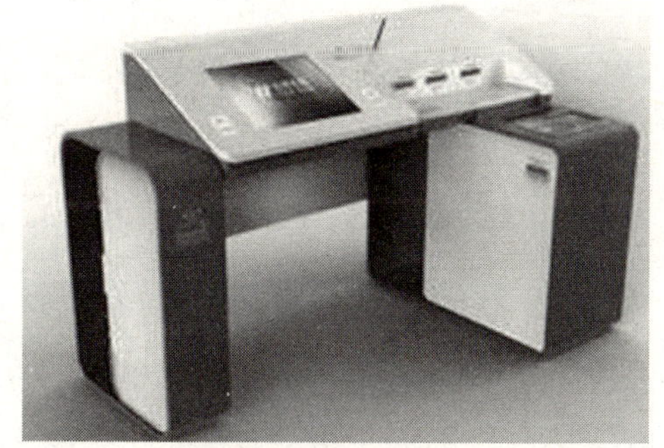

图 4-8　VTM 机

VTM 在国外多被称为 Video Teller Machine，即虚拟柜员机，又称远程柜员机、视频柜员机等。作为 ATM 功能的延伸，VTM 不仅能够查询、存钱、取钱和转账，而且还能够进行发卡、销户、挂失、存款证明开具等传统的银行柜面业务。同时，通过 VTM 上的视频会议系统，用户能够和银行客服人员进行对话沟通。银行客服人员也能藉此对用户的身份进行判定，并为用户提供贴身一对一的可视化服务。

案例分析：

VTM机创新实际上是通过对ATM机功能的模仿和增强来实现的。VTM体现了微创新中针对原有模型的局部改进和功能拓展。可视化的视频会议系统，使得原来ATM机查、存、取、转功能得到更加有效的实现，同时发卡、销户、挂失、开具证明等功能的增加，是通过微创新模式实现产品升级的典型体现。

任何技术的进步，都是在无数的积累中发展起来的，每一个新技术、新事物的出现，都不是凭空而来，它们都是在无数个微创新中得到进化，从ATM到VTM是如此，其他众多例子也是如此，例如，从CD到VCD再到DVD，又例如从GSM到CDMA到TD-SCDMA，都经历着一个逐步发展的过程，这个过程一般来说是不可或缺的。

通过增强功能实现微创新，是微创新的重要途径，但是在具体操作过程中，有一些重点问题是需要注意的。

增强产品功能，要有一个根本的落脚点，那就是以更好地服务既定客户群体为目的。例如案例中的VTM机，它的功能拓展，朝向于承担银行工作人员的行业职责，那就还属于微创新的范畴，但是如果它增加的是一些完全不相关的产品功能，例如交通卡充值、报刊售卖等，那就进入组合创新的领域了。

增强产品功能，需要考虑功能开发的成本与产出因素，进行大规模的产品技术研发，不是微创新所要侧重的内容。微创新讲究的是充分整合和发挥现有的技术水平，以相对较低的成本实现既定目标。

增强产品功能，既包括量的扩展，也包括质的提升，两者无所谓孰轻孰重，具体的设计方案取决于现实的资金条件和技术条件。

三、组合

如果说类比模仿是最简单的创新方法的话，那么组合也复杂不到那么去，或者说，它甚至比前者更加没有技术壁垒，而且它适用范围更为广阔，离我们的生活更为贴近。

通过组合进行创新，在我们的世界里随处可见，例如就拿一个“电”字来说，它跟水壶组合，变成电水壶，它跟单车组合，变成电单车，它跟剃须刀组合，变成电动剃须刀……它甚至跟椅子组合，变成电椅……

再如：

- 笔 + 测电流 = 电笔
- 笔 + 电筒 = 手电筒笔
- 商店 + 网络 = 网上商店
- 手机 + 眼镜 = 眼镜手机
- 手机 + 耳环 = 耳环手机

再如：一位小学生发明的多功能太阳伞，其创新方法为：太阳伞 + 太阳能冲电 + 小风扇 + 手机充电

再如：自行婴儿车（图 4–9）的创新原理就很简单：自行车 + 婴儿车

图 4-9　自行婴儿车

组合的方法非常多，包括材料组合、功能组合、技术组合、信息组合、元件组合，等等。

再多的举例已然不必，相信读者已经完全理解组合创新的普遍性。

但是，传统的组合创新已经让人们提不起太多的兴趣，我们所希望的，是能够接触到最前沿的创新模式，甚至是一些尚未能实现的设想。

1. 谷歌眼镜组合的要素

案例：谷歌眼镜组合的要素

谷歌眼镜（Google Project Glass）是由谷歌公司于2012年4月发布的一款“拓展现实”眼镜，它具有和智能手机一样的功能，可以通过声音控制拍照、视频通话和辨明方向，以及上网冲浪、处理文字信息和电子邮件等，如图4-10所示。

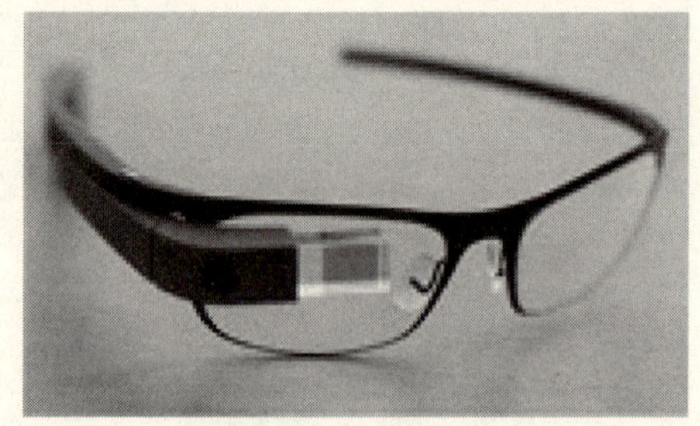

图4-10　谷歌眼镜

这款眼镜集智能手机、GPS、相机于一身，在用户眼前展现实时信息，只要眨眨眼就能完成拍照上传、收发短信、查询天气路况等操作。用户无需动手便可上网冲浪或者处理文字信息和电子邮件。同时，戴上这款“拓展现实”眼镜，用户可以用自己的声音控制拍照、视频通话和辨明方向。兼容性上，Google Glass可同任一款支持蓝牙的智能手机同步。

案例分析：

整个谷歌眼镜设计本身，并不存在太大的技术瓶颈，其最主要的创新方法就是组合：眼镜＋智能手机＋声控拍照＋视频通话＋辨明方向＋上网冲浪＋处理文字信息＋电子邮件＋搜索歌曲＋收听高保真音乐。其所采用的技术，大多数都是已经成熟应用于我们生活中的，例如手机智能、GPS

和摄影，这些功能已经在人们日常生活中发挥了重要的作用，谷歌眼镜就是把这些功能组合在一起，然后给它们配备一个更加容易携带的载体——眼镜，这样的组合优势多多，它借用已经被人们认同的各项技术，避免了产品的市场风险，它选取眼镜作为载体，让人们对技术的使用更加方便。组合，在谷歌眼镜这里，体现了化平常为神奇的功效。

按组成形式分类，组合创新有三种类型：要素之间组合、要素与系统组合、系统与系统组合。这三种组合类型一般来说只有量的区别，但是在一定条件下，量变也会引起质变。大量来自不同系统的要素集中在一起，就有可能产生与原来系统截然不同的新事物，如在中国古代的图腾崇拜中，人们用鹿的角、蛇的身、鹰的爪子等元素构建出一个全新的事物——龙。但一般情况下，组合创新的成品和原型不会有明显的质的区别，如谷歌眼镜，尽管它与多种要素甚至系统相互组合，但毋庸置疑，它依然还是一副眼镜，只不过功能有所扩展而已。

组合创新的具体形式有以下几种。

自由组合。自由组合只有在激发创新灵感时使用才能发挥作用。因为自由组合的效率是相对较低的，甚至会形成很大概率的无效创新，因此在创新实践中，自由组合虽有自由之名，却有呆板之实。如罗列出若干元素：书本、尺子、圆规等，任选其中两项拼凑成新事物，这样的组合毫无技术性可言，其结果也不会有太大的实际价值。

目的性组合。所谓目的性组合，是指为了达到特定的某种或若干种效果而采取的选择性组合。在目的性组合中，所有元素或者系统都是经过严格筛选的，并且其创新结果也会相应地经过预测和论证。例如，案例中的谷歌眼镜，其各项组合要素都有一个共同的特点，就是高频地出现在人们的工作生活娱乐之中，将这些要素组合到一起，就可以形成一个功能系统，将各项功能集

中到一个创新事物上面，有效地提高了产品的使用效率，方便了人们的日常生活。

2. 未来的手机——可组合要素的选择

案例：未来的手机

在可以预见的未来，手机有几个重要的发展倾向，如图 4-11 所示，一是与各种穿戴设备或者事物组合到一起，如手表手机、眼镜手机等；二是手机动力来源多元化，如太阳能手机、人体生物能手机等；三是与检测系统尤其是人体健康检测组合到一起，如在手机中安装各类健康检测软件和手机防盗。总之，手机在人类生活中扮演着越来越重要的角色，随着组合创新的推进，手机捆绑的功能也越来越丰富，越来越强大，如图 4-12 所示。

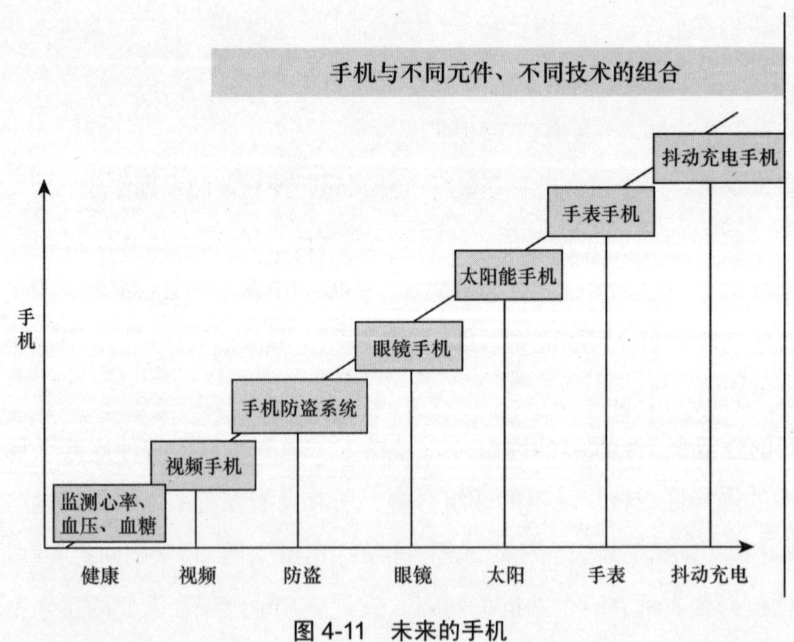

图 4-11　未来的手机

图 4-12　穿戴式手机

案例分析：

在“未来手机”的组合创新中，实际上其创新方法就是拿手机与各种各样的要素进行组合，如手机与手表、穿戴设备、太阳能、生物能动力来源、医疗检测、安全监测等不同要素进行组合，均可得出不同的创新成果。当然，这些组合的要素必须是成熟的技术或产品。

例如手表，其实就是我们最常用的佩戴之物；例如太阳能技术和生物能技术，都已经得到一定的技术支持，而不是空中楼阁的东西。如果把一些不切实际的构想当成组合创新的元素，那么其成功实现的概率会无限降低，创新终究是要为实践服务的，无法生产出现实生产力的创意，无论其外表看起来多么的宏伟壮观，也只能是镜中花水中月而已。

3. 平安银行“壹钱包”——可组合元素的优化出新

案例：平安银行的壹钱包是如何组合的

壹钱包是中国平安旗下平安付推出的移动支付客户端。使用壹钱包可以在线上和线下丰富的应用场景中消费支付，还可以用“活钱宝”实现现金增值管理，平安集团客户可以用“借钱宝”获得消费额度。壹钱包还有社交支付功能，可以和好友聊天、转账、召集群活动、AA 制等，如图 4-13 所示。

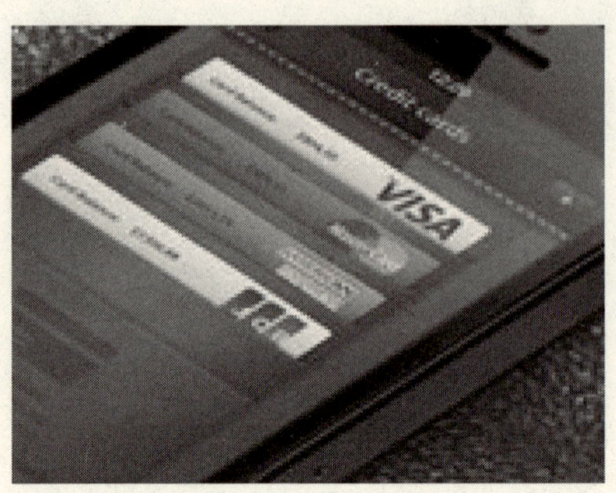

图 4-13　平安壹钱包

平安推出壹钱包主要的创新方法是组合，它组合了客户的赚钱、借钱、省钱、花钱和生活、社交等方面的功能，组合并提供如下服务。

- 财富管理（理财、保险、消费）；
- 健康管理（医）；
- 生活管理（食、住、行）；
- 社交服务 （玩）。

案例分析：

现代社会，人们的需求很多，但又由于各种各样的因素不能轻易得到，这便成为了商家可以组合的要素。从平安壹钱包的创新来看，其所蕴含的思路是先查找客户的其他方面的需求，并通过组合提供给客户更多的便利。案例中提及的客户需求：客户赚钱、借钱、省钱、花钱、生活、社交等，便成为了平安银行信用卡组合的要素：只要你使用了平安银行的信用卡，便可轻易获得上述服务。

4. 滴滴打车——延伸出新的元素组合

案例：滴滴打车——再升级：关联组合出新

滴滴打车是一款免费打车软件，号称最热、最酷、最帅的手机“打车神器”，是覆盖最广、用户最多的“打车”应用，入选“App Store2013 年度精选”，荣登“日常助手类应用榜单”冠军。如图 4-14 所示。

图 4-14　滴滴打车

滴滴打车作为一个简单的打车应用软件，本身并无玄妙之处，但是它利用组合创新技法，却整合了大量的客户资源，有效针对客户需求，延伸到“打车”之外的诸多消费领域。

案例分析：

滴滴打车的组合创新，首先是将本领域内部的各项元素进行整合，有效解决了打车领域内部的各种缺陷，例如，偏僻地方难打车，无证出租车安全难保障、出租车司机客源不稳定等问题。通过滴滴打车软件，可以做到需求与供给信息的有效交流，客户也增加了安全系数。更加重要的是，通过滴滴打车软件，可以有效采集到客户消费习惯信息，以出租车作为一个流动的中心，所有相关的消费领域都被组合到一起，全方位、多领域地开发客户消费资源。这才是滴滴打车能够吸引大量风险投资的根本原因。

通过以上的案例分析，我们可以知道，组合创新的重点，在于组合元素的选择与优化配置，还有组合元素的内部重组和外部延伸。通过对组合元素的处理，可以创造出新的结构系统和应用领域，衍生出我们所需要的创新产物。

有人说，最简单的创新模式，才是最有效的创新模式，组合创新恰好是这句话最完美的诠释。随着创新理念在人们头脑中的深化，组合创新也将会在发明创造、方案设计、模式改良等方面发挥越来越大的作用。此外，组合创新也可以作为资源整合的一种思路，以最低的成本创造出最大的价值。

四、列举

列举，是继模仿类比和组合创新之后又一常见的创新手法，对于事物要如何进行创新，凭空想象可能会一筹莫展，这个时候我们就需要一些线索，需要一些灵感的触发点，如何找到这些线索和触发点，列举法便是要完成这一使命。

1. 各种各样的列举法

列举法的种类很多，内容也非常繁杂，为了方便读者阅读，我们制作了一个表格，将主要的内容收录在其中，参见表 4-2。

表 4-2　各种列举法

种　类	步　骤
属性列举法	列出事物的属性，然后针对每一项属性提出可能改进的方法，或改变某些特质（如大小、形状、颜色等），使产品产生新的用途
希望点列举法	先决定主题，然后列举主题的希望点，再根据选出的希望点来考虑实现方法
优点列举法	① 决定主题 ② 列举主题的优点 ③ 选出所列举的优点 ④ 根据选出的优点来考虑如何让优点扩大
缺点列举法	先决定主题，然后列举主题的缺点，再根据列出的缺点来考虑改善方法

从图表中可以看到，列举法大致可分为属性、希望点、优点、缺点几个方面的列举，通过将这些要点罗列出来比较思考，从中可以找到创新的入手点和发展线索。

一般来说，我们使用得最多的是缺点列举法，很多的创新都是针对某些具体的问题而产生的。而优点列举法则使用得比较少，很多人都觉得既然已经是优点了，再进一步改善可能就比较难了。但实际上，在现代竞争尤其激烈的社会，没有最优，只有更优，反倒是将产品的优点不断扩大，才能更好地把握竞争优势。

2. 属性列举法：新型茶壶的构思

案例：新式茶壶的构思（如图 4-15 所示）

首先，我们对茶壶的属性进行列举。

名词属性：整体：水壶

局部：壶嘴、壶底、壶把、壶盖、蒸汽孔

材料：陶瓷、铁质、铜质、铝质、塑料

制作方法：焊接、浇铸、冲压

形容词属性：性质：轻、重

状态：美观、清洁、高低、大小

颜色：红、橙、黄、绿、青、蓝、紫等

形状：圆形、锥形

动词属性：功能：浇水、倒水、装水、保温

然后进行设问：如问壶嘴能否改变？壶底能否改用隔热材料？材料能否改成环保材料？颜色能否改用绿色？形状能否改成卡通型？功能能否增加制冷？能否增加……

接着进行试验改进。

创新思路：1）用不锈钢材料，改进制造工艺，提高生产率

2）改变用途，生产制冷茶壶，夏天用于制作冷饮

3）改变外形，使用卡通外形，改变颜色，使用红色、黄色、绿色等

4）壶底、壶身分开做，加强壶底，增加使用寿命，用超声波焊接工艺等

图 4-15　新型茶壶

案例分析：

对新式茶壶使用属性列举法进行创新，其步骤如下：确定研究对象——找出名词、形容词、动词属性——对属性进行改造——提出新设想。在列举的过程中，列举得越详细，创新的思路也就越开阔，但是在提出创新设想的时候，也要考虑现实条件，从实际出发，量力而行。

属性列举法在操作步骤上是相对比较简单的，但是从实践反馈回来的情况来看，往往却有事半功倍的效果。这种方法学习起来上手容易，但是也会存在易学难精的问题。

一是要列举要创新事物的属性。可以选择从名词、形容词、动词的词汇分类角度着手，这只是一种常用方法，但并非唯一方法。一样事物，哪怕是很简单的一样事物，其属性都是种类繁多的，并且不同的划分方式，得出来结果也

有可能会有很大区别。就拿茶壶来讲，我们还可以从其他维度进行分类，例如时间维度：过去、现在、未来；国别维度：中式、欧式、美式等，但是这些分类在使用上明显不如词汇角度来得明确和简便。所以属性分类的角度选择，对属性列举法的使用具有很重要的影响。

二是要大胆设问。要针对所列举出来的属性进行一一设问，每一个问题都要好好思考，是否可以改变？在创新领域，我们鼓励大胆地假设，但是也要注意设想的可行性问题。

三是要小心求证，试验改进。正如胡适先生所提倡的那样：大胆地设想，小心地求证。否则就会导致设想中看不中用，最终不了了之。创新设想的提出，既要有创新的构思，也要有现实的考量，两者之间需要一个平衡点，而这个平衡点，往往也是个难点。

3. 缺点列举法：耐克自动系带运动鞋

缺点列举法，就是针对事物的各种不足进行一一列举，然后针对其中某一项或者若干项进行改进。

案例：耐克自动系鞋带

系鞋带，从我们孩提时代开始就是一件比较麻烦的事情，人类在穿着上有着各种各样的创新，但是对于这么一件看起来很小很简单的事情，却一直没有得到很好的解决。如果说目前我们的鞋子还存在着什么缺点的话，那么鞋带的绑系，要作为一个重点罗列出来。

针对这一个问题，作为运动鞋领域的领军企业，耐克做出了设计的尝试。现在 Nike 已正式对“自动系鞋带系统”这一项功能提出了技术专利，一个全新的自动鞋带系统将运用到真实的鞋子当中。该系统提供手动调节的开关按钮，你可以根据腿型自动扣紧和松开鞋带，当然肯定会包括一个自动检测脚踝并且调整鞋后跟的感应器，当感应到压力的施加之后，鞋子后方的“小马达”就会及时启动，将鞋带自动系紧，十分方便，整个过程的实现全权由鞋底内置的嵌入式芯片控制，如图 4-16 所示。

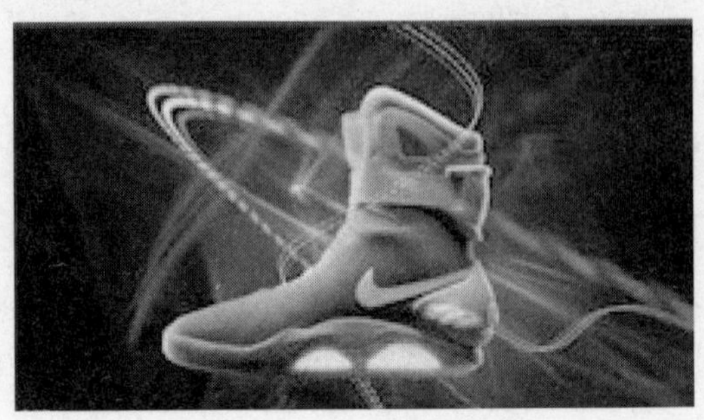

图 4-16　自动系运动鞋

案例分析：

用缺点列举法来改进鞋子的使用问题，其步骤如下：首先，明确要改进的对象：鞋子。其次，对鞋子的各种缺点进行罗列：夏天容易发臭、鞋底容易磨损、鞋面粘合不牢、不能防水、容易变形、使用寿命较短、鞋带容易脱落……第三，对各项缺点进行评估，主要是针对各项缺点的市场解决情况进行调查和评价，例如，鞋子发臭问题，现在已经开发出比较成熟的防臭技术；比如说鞋面粘合问题，市场上已经存在高粘合性的材料可以解决这个问题……通过逐个排除，减少选项。同时，评估的标准还包括自身的技术状况能否支撑产品改良，例如鞋子有一项缺陷在于无法抵御抵御地心引力，从而减少胖子的行走负担，如果这项缺点能够克服，那肯定是很有创意的，但是所需要的产品研发成本可能太大，而且市场未必会有足够的需求，所以这个选项也是要排除掉的。第四，就是针对剩下的缺点提出创新方案，耐克就是将其他的鞋子缺陷排除之后，把鞋带脱落问题作为创新目标，最终研发出自动系鞋带的新式鞋子。

从以上分析可以看到，缺点列举法的步骤大概可以分为 4 步：明确改进对象—列举目标缺点—进行缺点评估—提出创新方案。

列举目标缺点，是一个考验专业经验和观察能力的过程，因为内行人一般会比门外汉更加清楚目标产品的缺点，当然，也不排除会有旁观者清的情况出现，因此在这一环节，广泛的咨询和调查是必须执行的内容，包括行业从业者、客户消费者，乃至于与行业无关的其他人，都是可以咨询的对象。列举缺点的时候，使用加法原则，尽可能把更多的问题反映出来。

缺点评估环节，需要对相关行业的市场发展情况和本企业或个人的实际条件进行准确的认识和评价。这一环节需要重点考虑的两大因素是市场因素和技术因素，没有市场需求的产品，开发出来只能亏本，没有技术支持，再好的设想最后只能落空。因此，在缺点评估的时候，强调减法原则，尽可能将创新的外部压力降到最低。

4. 希望点列举法：“老人跌倒险”的提出

案例：老年人意外伤害保险的出现

近年来，不断传出有人因帮扶跌倒老人而被讹诈的事件，这些负面的新闻给社会造成了很严重的道德危机。面对这样的问题，有人希望可以通过一定的方法予以解决，一方面可以对老年人的安全给予保护，免除其意外摔倒而造成医疗负担，从而从需求上减少讹诈他人的概率；另一方面，也免除助人者的后顾之忧，从而更好地弘扬助人为乐的传统美德。

基于这样的意愿，北京市推出“老年人意外伤害保险”，在京生活的 300 万老年人，无论是不是北京籍，均可参保，2013 年 12 月 16 日起开始面向社会受理投保事宜。此次由政府主推的“老年人意外伤害保险”，主要针对在京生活或工作的 50 周岁至 59 周岁退休人员、60 周岁及以上老年人，为老年人在各类活动场所发生意外伤害时提供保障，只要在意外伤害险的理赔范围内，无论是否

有第三方责任人，保险均将予以赔偿，不受第三方影响。这意味着，如果老人是被人撞到而受伤，除了可以获得保险公司赔付，还可以向过错方依法索赔。

案例分析：

作为一种创新来看，老人跌倒险的提出，体现了人们从既定的希望点出发，进行问题解决的思路。该案例中的希望点主要有3个：针对老人，希望安全医疗得到保障；针对他人，可以减少被讹诈的几率；针对社会，可以消除一些负面情绪，促进道德建设。当然，其实还有一个要素，那就是对保险公司来讲，也可能会增加一个具有盈利价值的险种。

希望点列举法的一般步骤：明确对象—寻找切入角度—列举希望点—筛选希望点—提出创新落实方案。在前面的案例中，对跌倒老人的帮扶问题，是一个需要明确解决的对象任务，选择老人、帮扶者、企业、社会4个主体的利益进行切入，分别提出希望点，然后综合各方面的希望进行筛选取舍，提出创新的落实方案。

希望点列举法的精要之处，不在于对所有人的希望都作出满足，事实上，所谓众口难调，很难会有一种方案可以让所有希望点都得到满足。希望点列举法的使用，主要意义体现在两个方面。

其一，通过对希望点的罗列，可以全面反映与目标事物相关的利益链条，从而兼顾平衡各方利益，最大限度取得一个平衡点。

其二，区别于传统的方法，希望点列举法最后提出的解决方案必须具有创新性，也就是以往尚未出现过的解决方案。尽管我们并不排斥借鉴别人先进经验的一些元素，但是绝不主张全盘套用，如果仅仅是拾人牙慧，老调重弹，那么就体现不出创新方法使用的价值。希望点列举法之所以能做到创新，是因为它可以直接针对利益做出总体的、全面的考量，而这一效果，也是其他传统方法难以达到的。

第5章 创新密码就在你我身边（下）

文王在上，于昭于天。周虽旧邦，其命维新。

——《诗经·大雅·文王》

一、求异

求异，简单来说，就是要跟别人不一样。有人说，第一个懂得给所爱的人送花的人是天才，第二个跟着这样做的人便是庸才。同样是表达爱意，如果能在表达方式上做出某些另类的尝试，收获芳心的几率会大大上升。例如，在一些大学里面，有学生用宿舍灯光营造出“I LOVE YOU”的词汇，或者用烛光拼写出“我爱你”的字眼，相比之下，那些送玫瑰花之举，就显得很没有新意了。

求异是现代社会里面可以帮助人快速脱颖而出的创新方式。它的实现模式是多种多样的——只有你想不到，没有做不到。如凤姐、芙蓉姐姐等，都可以颠覆人们的审美传统，开启新式“审美”时代。

当然，我们主张的求异，不是那种靠哗众取宠而造就的求异，而是充分运用个人的创造力、想象力和知识来获取成功的求异。

1. 做别人做不到的

求异最直接的方法，就是运用自身特有的技术、优势、资源进行创造，做别人做不到的事情。

案例：能预防疾病的衬衣

以色列医疗健康创业公司是一家医疗技术企业，一方面它掌握了大量医学理论知识人才，同时在相关领域也有着为数众多的技术人才，利用其自身优势，这家企业开发出一种叫 Health Watch 的新产品。

这是一种智能衬衫，如图 5-1 所示，衬衫中内置了心电图传感器（ECG），它具备 3 ～ 15 道心电图机的功能。通常情况下，病人只有在接受 12 道心电图机的检查后，医生才能正式确定病人是否患有心脏病。而从病人汇报病情到接受检查，往往需要花上不少时间。如果病人穿上这种智能 T 恤衫，心脏病医生就能接收到 T 恤衫实时发送的心电图数据。如此一来，医生就能及时、准确地了解病人的情况，以便及时给出治疗方案。

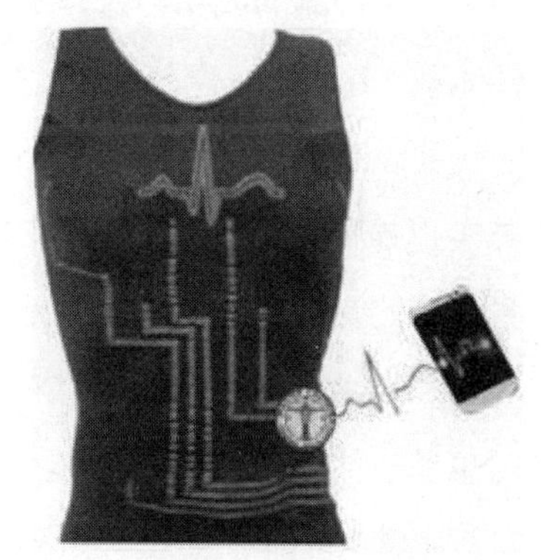

图 5-1　智能衬衫

如此神奇的 T 恤衫还能用机洗烘干，该 T 恤衫内置了一个电子部件，可存储长达 70 个小时的数据或将数据以无线信号传输到安卓智能手机中。当然，用户在对这种 T 恤衫进行洗涤之前，首先需将该电子部件取出。T 恤衫至少可以洗涤 50 次而不损坏。

案例分析：

以色列医疗健康创业公司之所以能研发出别人难以创造的产品，得益于两方面的客观条件条件：其一，区别于一般医院，它具有产品研发功能；其二，区别于一般企业，它具有医疗专业技术。它的独特优势，在于其处于产业交叉领域，这可以消除绝大多数竞争对手。然后，在主观条件方面，它具

业交叉领域，这可以消除绝大多数竞争对手。然后，在主观条件方面，它具有产品创新的意识，主动地寻找市场，开发市场，从而占领市场。同时，它具有良好的企业执行力，它将产品的构思切实地进行技术攻关、市场投放，从而将想法变成现实。

以色列医疗健康创业公司的种种优势条件，其他企业未必就完全不具备，但是一项产品的成功与否，不在于具体的某一个条件，而在于是否拥有整个条件体系，这也是这家公司做到别人做不到的事情的根本原因。

要设想出与众不同的产品，或许并不太难，因为人们不着边际的各种想法其实也并不少见，但是要把一些创意实现，那么就需要现实的条件，尤其是自身已有的资源条件。以色列健康医疗创业公司，在其自己专长的领域利用自身人力和技术优势，把智能衬衣研发出来，既是大胆的思维创新、技术创新，同时也是一种务实态度的体现。或许对于利用身边的小玩意儿，例如给手机、手表，甚至眼镜、首饰等增加健康监测系统，研发类似产品，很多人都有过这样的想法，但关键在于，绝大多数人没有把自己想法实现的条件，所以，想法也只能永远停留于想法。

如何做别人做不到的事？从案例中我们可以知道，总的来说，是将自身优势充分发挥出来，形成完整的条件体系和核心竞争力。创新引领模式的具体操作，可以通过以下内容执行。

寻找、开发市场蓝海，合理选择行业交叉点。一些人认为，现在的社会已经高度发达，能够赚钱的方式都已经开发殆尽了。这种想法是无比错误的。恰恰相反，社会越发达，意味着机会其实越多，因为社会条件的越发成熟，其实是为新的经济模式的产生创造条件，尤其是一些行业交叉领域，正在不断催生出新的发展沃土。另外，很多传统行业也存在灯下黑的现象，这些行业只要进行小范围的微创新，就可以重新爆发出巨大的市场活力。

强化创新意识，训练创新执行力，将创新体系化。从思想到行动，每一步都进行细致化的创新管理，是企业竞争最好的取胜之道。

此外，我们要注意到的一种现象是，往往很多掌握了资源垄断条件的个人或者企业，他们都缺乏创新的兴致，因为资源本身的排他性已经为他们争取了一定的生存空间，所以进一步利用现有资源去创造新事物、革新技术，是他们懒得去做的事情，于是便造成一种很无奈的社会现实，有条件的人不想创新，想创新的人没条件，这样一来，整个社会的创新度便被局限住。

面对这样的现实状况，我们可以做的是：一方面充分去发现自身的资源优势，哪怕只有一点点，它都可以成为创新的触发点；另一方面，也要尽可能地学会借助别人的资源，通过资源整合，借鸡下蛋，一样也可以激发出有价值的创新设想，并将其付诸实现。

2. 以荒唐想法为跳板的创新

在创新的词典里，没有“荒唐”两个字。

在大多数情况下，创新并不主张毫无根据的幻想，但不可否认的是，很多当时看起来很荒谬的想法，日后都在人们无穷的智慧中变成现实。一些荒唐的想法，尽管可能在短时间内无法得以实现。但其提供的思路和方向，对于创新有着不容忽视的意义。

案例：把人打印出来

说起打印，绝大多数人能联想到的就是纸质文档的打印，但是当前兴起的一门叫作 3D 打印的技术，却把可以打印的范围扩展到一个难以想象的地步。

3D 打印，即快速成型技术的一种，它是一种以数字模型文件为基础，运用粉末状金属或塑料等可粘合材料，通过逐层打印的方式来构造物体的技术。

3D打印通常是采用数字技术打印机来实现的。常在模具制造、工业设计等领域被用于制造模型，后逐渐用于一些产品的直接制造，已经有使用这种技术打印而成的零部件。该技术在珠宝、鞋类、工业设计、建筑、工程和施工（AEC）、汽车、航空航天、牙科和医疗产业、教育、地理信息系统、土木工程、枪支以及其他领域都有所应用。

在3D技术的最近发展应用中，有人破天荒地想到要利用该技术把人给打印出来，并且已经进入技术研发阶段，在可以预见的未来人体器官或身体部位都能利用3D人体细胞打印方式加以重建再造，对于身体有缺陷或急需换器官的病人来说是一大福音，如图5-2所示。

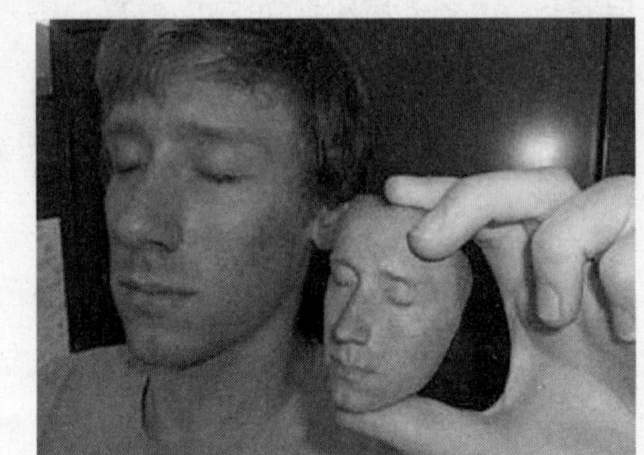

图5-2 人脸打印

案例分析：

从现有的技术手段出发，对技术未来的应用范围做出大胆的预测，从而往相应的方向去尝试和实践，这就是求异创新的一种有效路径。3D打印技术是目前世界范围内众多国家都在努力参与研发的技术制高点，对于该技术的使用，将会到达什么样的层次，这也需要人们充分发挥想象力，甚至某种程度上，未来技术的高度，就取决于当下技术预测的广度和深度。

在求异创新中，有很多的案例都是用现有的道德规范和知识逻辑所不能预知的。一方面，技术在发展；另一方面，社会伦理也在随着技术变迁而相应地进行调整。诚然，任何技术的发展，都不可能完全脱离社会秩序而存在，或许利用技术手段完全将一个整体的人“打印”出来，是无法被社会接受的。但是，如果只是某些人体组织的创造，并且用在健康医疗上面，那么荒唐的创造也会变成人类福音。

历史上，以荒唐想法为跳板导致的创新不胜枚举，例如，人们幻想能在天空飞翔，于是造出了飞机；幻想在水底遨游，于是造出了潜艇；幻想能日行千里，于是造出了汽车；幻想能力拨千斤，于是造出了机械等。在当前我们习以为常的事情，其实曾经在人们眼中无比荒唐过，同样，现在我们看来很荒唐的事情，未来很有可能就是一种大家认为理所当然的常态。

有一帮人挖莲藕，有人放了一个响屁，旁边人说“你要是放屁把莲藕震出来就好了。”另一个人想：“是啊，我可以啊！”于是想通过吹风的方法来将莲藕吹出来，后来再进一步变成用高压水枪将莲藕吹出来，方法省时省力，比人工挖藕高效得多。有一户人家，家里很贫穷，家里妇人一边哭，一边跟丈夫抱怨，丈夫怒骂道：“什么都不会，一天到晚就知道哭，哭能变出钱来吗？”妇人想，是啊，哭能不能变出钱来呢？后来她变成了职业哭丧人，受雇给家里有人去世的人家哭丧，赚的钱比丈夫要多得多。

以上两个小故事告诉我们，日常的生活中，一些转瞬即逝的荒唐想法，如果把握得好，一样可以成为通往创新之路的跳板。

3. 转换视角

宋代诗人苏轼在《题西林壁》中是这样写的。

横看成岭侧成峰，远近高低各不同。

不识庐山真面目，只缘身在此山中。

这首诗从创新学的角度来讲，正好给了我们关于视角转换方面的启示。在求异创新中，转换视角往往会收到奇效。因为事物往往有两面性，用辩证的方法去看待，会出现不一样的结果。很多情况下，人们会因为各种思维的陷阱而无法对事物正确地进行分析和认识。在上一章里面，我们已经给大家详细介绍过相关的内容。在这一部分，我们对求异的讨论，将不再局限于思维，而更加侧重于行为的分析。

案例：阿里巴巴：非典危机中的机遇挖掘者

所谓危机，就意味着危中有机。

21 世纪初，互联网行业进入了一个相对漫长的冬天，连续两年多，亏损倒闭成为互联网企业难以抹去的阴影。到了 2003 年春天，随着非典的肆虐，经济发展受到冲击，众多企业更是倍感压力。

然而这个时候，有一个企业却在思考：当户外经济活动减少的时候，是否就意味着网络经济活动增加呢？它是这样想的，同时也根据这个想法相应地做出了产品调整。这个企业就是阿里巴巴。

图 5-3　诚信通

针对实体经济中商品交易不便的问题，非典期间阿里巴巴利用业已成熟的电子商务平台，全力推出“中国供应商”和“诚信通”，如图 5-3 所示，利用公司近千名高素质员工，帮助企业特别是中小企业渡过难关。调查表明，没有上网交易的企业 90% 为非典所伤，而国内 140 万阿里巴巴的会员企业其中一半免受影响，有些企业的业务不降反升，从而创造了非接触经济的奇迹。

案例分析：

2003 年的非典型肺炎，对于国内很多企业而言，皆是犹如噩梦一般的记忆，在这一场疾病中，很多企业纷纷破产，大量财富数月间荡然无存。但是，同样是面对灾难，阿里巴巴把视角完全倒转过来——传染病肆虐，远程办公与网络商务可以解决人群接触的问题，这何尝不是发展的重要机遇？因此，重点推广“中国供应商”和“诚信通”两大产品便成为企业发展的重要战略。事实证明，视角的转换为阿里巴巴实现了华丽转身。

思维决定行为，一个人、一家企业能走多远，在于这个人、这家企业能看多远。从一个角度看，可能眼前是一片迷雾，换一个角度，说不定就能在迷雾中看到一抹亮光。

转换视角，就是通过一定的逻辑关系转变思路，从而衍生出新观念、新方法。具体说来，当面对一些问题，我们按照一般的方法难以有效解决，那么我们就对问题本身或者解决办法进行其他角度的定义和判断，从而找到创新的突破口。如表 5-1 所示。

表 5-1　转换视角的著名案例

一般难题	转换思路	转换方法
司马光救人	司马光砸缸	对象转换
曹冲称象	曹冲称石	目的转换
朽木不可雕	工匠无能	主体转换
喝水止渴	望梅止渴	条件转换
救援赵国	围攻魏国	方向转换
乌鸦喝水	石子填瓶	途径转换

司马光在同伴落水时，他原本应当考虑如何把人从水缸里救出来，但是这样的做法费时费力，而且说不定等他把人救出来，时间已经来不及，所以他把要处理的对象由人变成缸，那么问题就迎刃而解。

曹冲的难题在于如何把一头大象的重量称出来，但是又不能把大象切开，于是他把大象赶到木船上，把木船的吃水刻度记录下来，然后把大象换成石块，放上与大象等重的石块（用吃水刻度来判断是否等重），然后通过石块重量来得出大象重量。在这个故事中，原本的目的是要得出大象的重量，但经过角度转换之后，变成了得出石头的重量，解决方法自然要简单得多。

古语云，朽木不可雕也，难道这只是木头的问题吗？换个主体看看，如果

换个能工巧匠，说不定就能化腐朽为神奇。同样的，很多老师抱怨学生无心向学，求学兴趣淡薄，但换个角度想想，解决这个问题，是否可以从教师的教学方式着手呢？让众多学生逐个改变学习态度很难，但是只要一个老师改变教学方法却简单得多。

在望梅止渴的典故中，曹操针对止渴这一目的，颠覆了喝水止渴这一常识，利用心理学的知识缓解了士兵的口渴，改变了止渴这一任务的实现条件。在围魏救赵的典故中，齐国的目的是救援赵国，却并不出兵前往赵国首都邯郸，而是趁魏国后方空虚，攻打魏国的襄陵，迫使魏国军队回援，从而解了邯郸之围。解决问题的方向从待救方变成了攻打方，通过方向转换实现战略目的。在乌鸦喝水的寓言中，乌鸦无法把头伸到瓶子里面去，于是通过往瓶中投石，促使水位上升，从而达到喝水的目的，实现了由伸头入瓶到水涨供饮的途径转换。

4. 把直接改为间接

在一些人看来，求异创新似乎很难，似乎离自己很遥远，其实不然，有时候，要创新，你所需要做的，只是将事务运作方式稍微改动一下而已。例如将直接改为间接——简单的调整，可能给你带来的效果就会完全不一样。

案例：巧妙搬迁的大英图书馆

大英图书馆老馆（图 5-4）年久失修，换个地方新建一个图书馆，新馆建成后，要把老馆里的书搬到新址去。这本来是一个搬家公司的活儿，没什么好策划的，把书装上车，拉走，摆放到新馆即可。

问题是按预算需要 350 万英镑，图书馆没有这么多钱。眼看着雨季就到了，不马上搬家，这损失就大了。怎么办？馆长想了很多方案，但一筹莫展。

正当馆长苦恼的时候，一个馆员问馆长苦恼什么？馆长把情况和这个馆员介绍了一下。几天之后，馆员找到馆长，告诉馆长他有一个解决方案，不过仍然需要 150 万英镑。馆长十分高兴，因为图书馆有这么多预算。

“快说出来！”馆长很着急。

馆员说：“好主意也是商品，我有一个条件。”

“什么条件？”馆长更着急了。

“如果把 150 万英镑全花尽了，那全当成我给图书馆做贡献了；如果有剩余，图书馆把剩余的钱给我。”

图 5-4　大英图书馆旧馆

“那有什么问题？150 万英镑我都认可了，150 万英镑以内剩余的钱给你，我马上就能做主！”馆长很坚定地说。

“那咱们签订个合同？”馆员意识到发财的机会来了。

合同签订了，不久实施了馆员的新搬家方案。花 150 万英镑？连零头都没用完，就把图书馆给搬了。

原来，图书馆在报纸上发出了一条惊人的消息：“从即日起，大英图书馆免费、无限量向市民借阅图书，条件是从老馆借出，还到新馆去……”

结果，馆员发财了……

案例分析：

在这一个例子中，直接的搬迁方式就是雇佣搬运公司把书从旧馆搬到新馆，而间接的搬迁方式就是利用搬家公司以外的人群——读者来转移书籍，直接与间接两种方式对比，显然间接方式更为廉价，因为后者无需支付任何搬运费用。由此可见，有时候做事方式的稍微转变，其效果可能会有明显区别。

求异创新中，将直接改为间接的做法，被广泛应用于公共管理和企业管理之中。例如，有些工厂为了让工人加班，并不直接规定工人的加班时间，而是通过提高加班工资来吸引工人主动加班；有些企业为了提升员工的工作积极性，也并不是直接发个文件公布一下要求，而是降低基本工资，提升绩效工资，用

灵活的薪酬制度来控制员工行为。

直接的处理方式，往往因为过于粗暴简单而让人难以接受，而间接的方法却可以巧妙地避开目标群体的抵抗而同样受到既定的目标效果。尤其是在当前的市场经济条件下，提倡市场手段，减少指令性命令，已经成为政府和企业的共识。

二、逆向反转

逆向反转，按照形式划分，大致可以分为三种类型：反向法、返正法和调序法。所谓反向法，是将原本正的事物按照相反的方向来操作；所谓返正法，是将原本反的东西回归到正的轨道上；所谓调序法，是将具体的操作步骤进行调整，以期达到创新的效果。按照内容划分，可以分为心理逆反和行为逆反，表 5-2 是逆向反转分类表。

表 5-2 逆向反转分类

按形式分类	反向法	化正为反
	返正法	化反为正
	调序法	调整步骤，改变结构
按内容分类	心理逆反	
	行为逆反	

1. 反向法：按相反的方向操作

如果说创新有着特定的路径，那么在这条路径上，你可以正着走，也可以反着走，往前走是一番风景，往后走同样也别有一番风景。

我们一直强调，创新并不复杂，也并不困难，因为创新从来就不会把人困在死胡同里，找不到出路。

案例：饥饿销售——反其道而行之的销售策略

2012 年 11 月 19 日 11:00，大量年轻人紧张地盯着电脑不断右键刷新，他们的目标只有一个：抢购一台手机！然而，让很多人失望的是，由于订货网站访问量过大，他们迟迟无法下单，并且在 2 分 29 秒之后，网站就提示 10 万台预订产品已经全部售完！众多客户只能望着电脑叹息。

一家企业，其生产产品的根本目的，自然是最大限度地将产品销售出去，千方百计地通过各种宣传，吸引消费者购买产品，并且搭建各种平台，让产品更多更快地售卖到消费者手中，这是绝大多数企业在产品销售中通行的策略和运营的方向。然而，有一家企业却反其道而行之，它在挑起顾客的购买欲望之后，却并不急着马上尽可能地扩大产能，满足消费需求，而是通过定量分批投放的形式吊起顾客的胃口。

在当前的产品发展理念中，产品个性化、多元化似乎是一种发展的潮流，将客户群体细分，将产品种类结构化、层次化，也是众多商品生产者普遍采信的战略。但是，有一家企业却反其道而行之，它在一定时期内只生产一个型号的产品，无论顾客是老是少，是男是女，它都不作区分，只让顾客适应产品，而不是让产品适应顾客。

如此奇葩的企业，相信大家都已经想到它是何方神圣，前面我们已经多次提及它的存在，是的，它就是小米。

案例分析：

手机销售，传统的做法是不断拓宽产品销售渠道，采取渠道多元化策略，然而小米销售手机的做法恰好是反其道而行之，它将销售渠道局限在官网，将渠道单一化。产品细分，是现代企业销售的一个普遍选择，小米同样选择逆流而行，采取产品单一化策略。对企业来说，产品销售的数量自然是越多越好，但是小米依然还是选择独辟蹊径，进行饥饿营销，严格控制产品销售数量。正是因为如此这般种种与一般做法恰好相反的策略的实施，造就了一个与众不同但是发展迅猛的小米。小米的创新方法，就是我们所要介绍的反向创新法。

手机行业，是一个竞争高度激烈的行业，尤其是在很长时期内，这个行业的市场份额都被若干超级巨头所垄断，国内众多的生产厂家，要么沦为国际品牌的代工企业，要么在山寨模仿的狭窄空间里苦苦求存。按照传统的市场思路，这个行业红海一片。但是，小米手机却在这样的环境中，通过其反向法创新的营销手法杀出了一条血路，创造了一个蓝海。或许，很多的成功都无法复制，但是小米选择逆向而行的思路，却值得我们参考。

反向法的实施，大致可以分为 3 个步骤，如表 5-3 所示。

表 5-3　反向法的实施步骤

步　骤	解　说
第一步，认知当前的一般模式	如小米的案例中，首先要知道渠道多元化与产品细分的普遍做法
第二步，反思当前的一般模式	一般模式能够为绝大多数企业所采用，自有其合理性和优势，所以对于这些模式，不能生硬照搬，也不能一概否定，必须要经过一个深刻的反思过程
第三步，构思与一般模式相反的新模式	具体表现在小米的案例中，就是构思渠道单一化、产品单一化和饥饿营销方法的具体落实措施

反向法不仅广泛使用在现代企业战略选择中，在历史上的众多极为重要的发明创造上，也发挥了重要的作用。例如，在 1821 年的时候，英国科学家法拉第发明了电动机。45 年之后，也就是 1866 年，德国发明家西门子采用反向法，

利用相反的科学原理发明了发电机，如图 5–5 所示。

图 5-5　反向法发明

同样的，爱迪生在观察中发现，声音高低能引起金属片相应的振动，反过来，金属片的振动也可以记录声音高低的变化，根据这一原理，爱迪生发明了世界上第一台留声机。

2. 返正法：将“反”的东西“正”过来

古代著名军事家孙子在兵法中描述道：

凡战者，以正合，以奇胜。故善出奇者，无穷如天地，不竭如江海。终而复始，日月是也。

战势不过奇正，奇正之变，不可胜穷也。奇正相生，如循环之无端，孰能穷之哉！

创新，亦如孙子兵法所言，形势允许，可以选择反其道而行之，形势有变，亦可选择以正破乱，以正击反。

现在社会里，存在着太多事物发展的错位，很多消极的、负面的社会现象已经严重偏离了其正常发展的轨道。就拿我们的衣食住行来讲，穿的衣服里面可能掺有黑心棉，吃的大米可能加了吊白块，住的房子刷的油漆致癌物可能超标，买的车子可能在设计上就存在安全隐患……

案例：麦当劳推出自然生长鸡

由于被指责大量采用使用激素催生的“变态鸡”作为食材，以麦当劳和肯德基为代表的众多快餐行业备受压力，很多顾客甚至表示再也不会去吃那些不正常的垃圾食品，麦当劳的企业形象被大打折扣，日常经营也受到了影响。

针对这一困境，麦当劳推出了“自然生长鸡”的概念，在每一份餐巾纸上都印刷上其鸡肉产品的介绍，并且配以体现绿色自然的图片。

据麦当劳介绍，其鸡肉产品选用的肉鸡，坚持100%自然成长、不走捷径。所选肉鸡品种来自美国，奉行国际通行成长周期，经过自然充分成长，肉鸡的口感和口味达到最佳平衡。精心挑选营养均衡且符合国家标准的饲料。麦当劳依照自然成长期内的不同阶段，在饲料中加入氨基酸、维生素、矿物质以及微量元素等营养物质，而且绝不添加任何促生长激素，让肉鸡可以自然茁壮成长。而且麦当劳还为肉鸡们营造了封闭的环境，让它们在与外界隔绝的净土中自然安全成长，在专职兽医的精心呵护下自然健康成长，如图5-6所示。

图5-6 麦当劳推出“自然生长鸡”概念

案例分析：

大量采用激素催生的食材，已经成为很多餐饮商家通行的做法，因为这样可以节约成本，提高经营利润。在利益的驱动下，这种做法已经成为餐饮行业普遍存在的乱象，如何拨乱反正？作为快餐行业的领军企业，麦当劳推出自然生长鸡，既是企业诚信的必然要求，也是食品安全的必然选择。这个工作，麦当劳如果不做，那很可能不仅进一步恶化自身企业形象，也会被其他企业以此为契机，实现发展超越。

把反的东西正过来，这是目前社会创新的一个重要思路。因为人们对社会各种不正常的畸形事物已经极度厌恶，人们开始追求原生态，追求事物原本应该存在的状态。很多商家也瞄准了这一契机衍生出来的巨大市场，例如面对各种反季节蔬菜的泛滥，面对各种农药残留，不少农产品企业推出了绿色蔬菜概念，面对各种转基因食品横行于市以及人们对其的深切忧虑，一些粮油企业推出了非转基因大豆油和非转基因大米。

返正法实现创新的案例，在当前社会可谓俯拾皆是，如随着大数据时代的到来，个人信息安全问题越来越凸显。信息技术的发展，一方面给人们带来了极大的生活便利，另一方面也存在着个人隐私泄露的风险。在商业利益的驱动下，尽可能地通过各种方式采集潜在客户的生活数据，从而更精确地发展目标客户，成为众多企业趋之若鹜的方向。针对这一现象，有人研发出一款名为“可信 Cover Me”的移动通信应用，正好是与信息采集反方向的创新，通过信息保护技术与模型的发展，防止客户隐私的外泄，目前该款应用的用户已达数百万，如图 5-7 所示。

图 5-7　可信通信软件

3. 调序法：颠倒操作程序

所谓的调序法，就是将操作的方法颠倒过来，从而达到创新目的的一种方法。

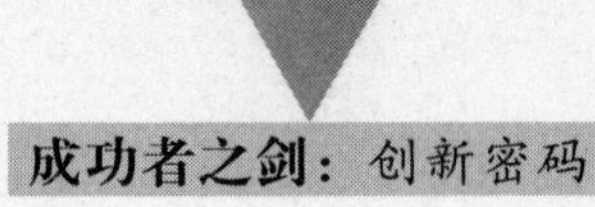

案例："炒楼花"的兴起

按照传统的商业思维，产品生产者都是先把产品生产出来，然后将其推向市场。但是在房地产行业，自从"楼花"这一概念从香港诞生以后，销售程序便被颠倒过来。

"楼花"，是指尚未竣工的商品房在施工阶段（完工25%以上）就推向市场销售。预售商品房也称楼花、期楼。如果把开发公司已建成的房屋看成建设完成后的果实，那么开发公司正在建设而未完成的建筑物则可看做这一果实的花。由此进一步引申出买"楼花"、卖"楼花"、炒"楼花"等。

卖楼花，成为众多房地产生产商解决资金瓶颈的重要创新手段，为房地产业的蓬勃发展起到了很大的推动作用。

案例分析：

先买楼，后建房，这是把原本的销售程序颠倒过来，简单的程序改变，却在一定程度上解决了房地产企业资金不足的瓶颈，成为房地产业发展模式创新的重要内容。

在日常社会中，类似的例子还有很多，例如，各种充值卡的出现：通过购物卡，商场可以让消费者先付款，后购物；通过手机卡，移动运营商可以让客户先给钱，后消费。这样的做法可以帮助产品生产者或销售者募集一部分生产或运营资金，从而降低成本，有些时候甚至可以把节省下来的成本回馈给消费者，达到共赢的局面。

4. 心理逆反：每人心里都有一只好奇宝宝

心理逆反，主要是指运用人们的好奇心理和逆反心理，引发目标窥探的欲望。

这种方法在广告传媒领域得到广泛的应用。

案例：荷兰一家酒店自称“世界最差”吸引全球游客

一般的旅馆酒店，宣传的肯定是自己优质的服务、良好的入睡环境、舒适的床铺等，即使他们并没达到自己标榜的条件。而荷兰却有一家经济酒店反其道而行，将自己标榜成世界最差的酒店，还在宣传广告中将“差”作为卖点，引得顾客纷纷前往围观，生意大好。

酒店宣传中对提供的服务和便利设施极尽自嘲：一间光线昏暗且没有新鲜空气的地下室酒吧；一个凉爽的混凝土庭院；一部电梯，几乎从不在楼层之间发生故障；墙面潦草涂鸦；可以锁住房间的门，等等，如图 5-8 所示。

图 5-8　酒店的铁床

酒店还有一条免责声明：“入住期间，如不幸发生食物中毒、精神崩溃、罹患绝症、肢体残缺、辐射中毒、感染与 18 世纪瘟疫相关的某种疾病，本酒店概不负责。”除了价格低廉，酒店主打环保牌。比如，电梯破旧，客人被指向“环保电梯——楼梯”；不提供热水被宣传为旨在“减少用水”；酒店甚至鼓励客人洗浴后用窗帘擦身，以减少毛巾使用率和清洗次数，目的是“拯救地球”。酒店老板还出书介绍酒店的脏、乱、差，书名就叫《世界最差旅馆》。或许正是酒店这种带有自嘲的幽默，吸引了世界各地的好奇之士前去一探究竟。

事实上，由于酒店“有言在先”，客人们对酒店的诚实感到满意。酒店经理泰曼 · 勒瑟弗尔说：“客人们喜欢我们的幽默和嘲讽，然后他们把期望值降到最低。”

案例分析：

案例中的酒店提出“全球最差”的口号，其实也是创新的一种体现，使用的就是心理逆反法。一方面，好奇之心，人皆有之，人们习惯于接受各种酒店关于服务优质、环境优雅的宣传，却从未见过自我贬低的酒店广告，因此容易被吸引前往体验。另一方面，人类心理存在一定的叛逆性，对方越是自毁，人们便越是希望去验证这种宣传的真实性。利用消费心理进行创新，正好是心理逆反法的要义所在。

不仅在荷兰，在我们国家，使用心理逆反法的案例也不胜枚举。例如一些门户网站为了吸引网友眼球，会推出一些“最不值得看的十大高清电影”“最脑残的电视剧”之类，这类片子本来确实没有太大的观赏价值，但是很多网友便是在这样的标题吸引之下去一探究竟，竟然也大大提高了这些作品的点击率。又如某些二三线的小明星，因为本身名气不足，而选择炒作个人绯闻，从而提高曝光率的做法，尽管为人们所不齿，但客观地说，也是心理逆反法创新的具体运用。

5. 行为逆反：让你跌破眼镜的创新

行为逆反，是指活动主体颠覆自己或者常人的行为方式、行为习惯，而采用一种另类甚至负面的方式来达到预定目的。

案例：凤姐——“雷人雷语”造就的天才

凤姐因一系列“雷人”言论在网络上走红。她自称“懂诗画、会弹琴，精通古汉语”，自称“9岁起博览群书，20岁达到顶峰，智商前300年后300年无人能及”。现主要研读经济类和《知音》《故事会》等人文社科类书刊，因此非清华、北大的硕士不嫁……”一系列的雷人言论让人捧腹不已，给人们平日生活的紧张带来一丝缓解，也让人记住了这个行为与众不同的女孩！

从 2009 年下半年起，“凤姐”就开始到处发放征婚传单，紧接着参加各类电视节目、比赛，在大众媒体的追捧下，凤姐成为几乎家喻户晓的人物。

案例分析：

要捧红一个人，特别是要捧红一个女人，往往应该在人们眼前呈现一个人的美、善心等。但凤姐的言行却具有强烈的颠覆性和叛逆性，颠覆了常人的行为方式、行为习惯，是区别于别人自我粉饰与美化的宣传手段，使用与一般手段截然相反的自我丑化方式，从而达到赚取社会关注目的。这种方式，属于行为逆反的创新。

行为逆反创新，因为本身就具有一定的剑走偏锋的味道，所以必须要把握好尺度，尤其作为社会行为，必须遵守社会法律规范，同时也要尽可能兼顾社会伦理与社会道德的要求，否则一味地求丑求怪，反而会偏离创新的本意。

三、检核表法

所谓的检核表法，是根据需要研究的对象之特点列出有关问题，形成检核表。然后一个一个地来核对讨论，从而发掘出解决问题的大量设想。它引导人们根据检核项目的各个思路来求解问题，从而形成比较周密的思考。

图 5-9 亚历克斯 · 奥斯本

亚历克斯 · 奥斯本（图 5-9）是美国创新技法和创新过程之父。1941 年出版《思考的方法》提出了世界第一个创新发明技法“智力激励法”。1941

年出版世界上第一部创新学专著《创造性想象》，提出了“奥斯本检核表法”，此书的销量 4 亿册，已超过《圣经》的出版销量。

检核表法的实质就是通过强制性的问题思考进行创新，其提供了这种强制思考的一般路径，在实际应用中可以取得良好的效果，实施操作步骤如图 5-10 所示。

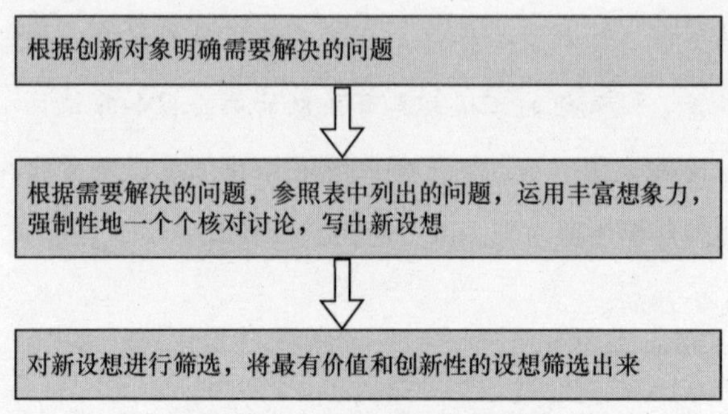

图 5-10　检核表法实施步骤

需要注意的是，在使用检核表法的时候，要联系实际一条一条地进行核检，不要有遗漏。如果能够多核检几遍，效果会更好，或许会更准确地选择出所需创新、发明的方面。同时，在检核每项内容时，要尽可能地发挥自己的想象力和联想力，产生更多的创造性设想。进行检索思考时，可以将每大类问题作为一种单独的创新方法来运用。此外，核检方式可根据需要，一人核检也可以，3～8 人共同核检也可以。集体核检可以互相激励，产生头脑风暴，更有希望创新。

针对奥斯本的九类思考问题，如表 5-4 所示，我们提供了两个案例，供读者理解和分析。

表 5-4　奥斯本的九类思考问题

一类	现有的东西（如发明、材料、方法等）有无其他用途？保持原状不变能否扩大用途？稍加改变，有无别的用途？
二类	能否从别处得到启发？能否借用别处的经验或发明？外界有无相似的想法，能否借鉴？过去有无类似的东西，有什么东西可供模仿？谁的东西可供模仿？现有的发明能否引入其他的创造性设想之中？

（续表）

三类	现有的东西是否可以作某些改变？改变一下会怎么样？可否改变一下形状、颜色、音响、味道？是否可改变一下意义、型号、模具、运动形式？……改变之后，效果又将如何？
四类	放大、扩大。现有的东西能否扩大使用范围？能不能增加一些东西？能否添加部件、拉长时间、增加长度、提高强度、延长使用寿命、提高价值、加快转速？……
五类	缩小、省略。缩小一些怎么样？现在的东西能否缩小体积、减轻重量、降低高度、压缩、变薄？……能否省略，能否进一步细分？……
六类	能否代用。可否由别的东西代替，由别人代替？用别的材料、零件代替，用别的方法、工艺代替，用别的能源代替？可否选取其他地点？
七类	从调换的角度思考问题。能否更换一下先后顺序？可否调换元件、部件？是否可用其他型号，可否改成另一种安排方式？原因与结果能否对换位置？能否变换一下日程？……更换一下，会怎么样？
八类	从相反方向思考问题，通过对比也能成为萌发想象的宝贵源泉，可以启发人的思路。倒过来会怎么样？上下是否可以倒过来？左右、前后是否可以对换位置？里外可否倒换？正反是否可以倒换？可否用否定代替肯定？……
九类	从综合的角度分析问题。组合起来怎么样？能否装配成一个系统？能否把目的进行组合？能否将各种想法进行综合？能否把各种部件进行组合？等等。

第一个案例主要针对整个检核法问题体系的运用。

案例：牙膏的创新

我们知道，牙膏的主要用途是刷牙，当然还有消炎止痒、清洁去污、美容护齿等功用。要对牙膏进行创新，可运用检核表法进行如下操作。

第一步：根据创新对象明确要解决的问题——牙膏的用途拓展。

第二步：根据需要解决的问题，参照表中列出的问题，运用丰富想象力，

强制性地一个个核对讨论，写出新设想。

如表 5-5 所示。

表 5-5　运用检核表法对牙膏进行创新

保持原状能否拓展其他用途？（一类）	从清洁牙齿拓展到其他物品的清洁去污，如案例中的清洗不锈钢器皿
能否从别处得到启发？（二类）	通过膏药杀菌止痒可以联想到牙膏杀菌止痒
稍作改变之后会怎样？（三类）	加入适量面粉可以充作黏合剂
能否延长使用寿命？（四类）	设计双头牙膏可使牙膏挤出更充分
缩小、减少会怎样？（五类）	做成酒店一次性小牙膏
能否代用？（六类）	用盐替代部分牙膏填充物制成雪盐牙膏
用调换角度思考（七类）	将固态牙膏变成液态，研制漱口水；固态变成气态，研制喷雾牙膏
从相反的角度思考问题	牙膏可以替代膏药，那膏药也可以用作牙膏，可在牙膏中添加药物制成药物牙膏
从综合的角度分析问题	将各类牙膏打包成家庭套装牙膏

第三步：对新设想进行筛选，将最有价值和创新性的设想筛选出来。

通过以上的检核表法使用步骤，我们可以构思出各种各样的新式牙膏。检核表法为我们的创新提供了众多的切入点，为激发创新思路发挥重要作用，对于创新活动的规范化、体系化提供了重要帮助。

第二个案例主要针对九类问题中第二类问题的细化运用。

案例：汽车外形的发展阶段

汽车车身形状的发展主要经历了马车形汽车、箱形汽车、甲壳虫形汽车等几个阶段。汽车外观的改造可以用如下的步骤进行操作。

第一步：根据创新对象明确要解决的问题：汽车外形的设计改进。

第二步：根据需要解决的问题，参照表中九类问题的第二类细化的问题，运用丰富想象力，强制性地一个个核对讨论，写出新设想。

如表 5-6 所示。

表 5-6　运用检核表法对汽车外形进行创新

能否从别处得到启发	借鉴马车的造型，创造马车形汽车
能否借用别处的经验或发明	运用人体工程学，创造箱形汽车
外界有无相似的想法，能否借鉴	借鉴行船的思路，创造船形汽车
过去有无类似的东西，有什么东西可供模仿？谁的东西可供模仿	模仿鱼类穿梭，创造鱼形汽车
现有的发明能否引入其他的创造性设想之中	利用流体动力学，引入楔形汽车的创造

第三步：对新设想进行筛选，将最有价值和创新性的设想筛选出来，将新设想付诸实现，如图 5-11 所示。

图 5-11　鱼形汽车、船形汽车、楔形汽车

案例分析：

从汽车外形的发展历程来看，其充分体现了奥斯本第二个问题设置的思路。在解决问题时，充分考虑现有的产品可否在别处得到启发，可否找到模仿的对象等问题。汽车外形的设计，从箱形、甲壳虫形、船形到楔形，无一例外都是在其他事物中找到灵感，并且借用当时最新技术和经验，从而逐步解决了空气阻力与外形美观问题。

奥斯本检核法罗列的九类问题，为我们生活工作中的创新提供了一个强制性的思路，在实际运用中得到了验证。读者们可以自己寻找相对应的范例作为练习训练，熟悉掌握之后运用于创新实践当中。

四、和田十二法

和田十二法，又叫“和田创新法则”（和田创新十二法），即指人们在观察、认识一个事物时，可以考虑是否可以通过简单的步骤进行逐步改良。和田十二法是我国学者许立言、张福奎在奥斯本稽核问题表的基础上，借用其基本原理，加以创造而提出的一种思维技法。它既是对奥斯本稽核问题表法的一种继承，又是一种大胆的创新。比如，其中的“联一联”“定一定”等，就是一种新发展。同时，这些技法更通俗易懂，简便易行，便于推广，如表 5-7 所示。

表 5-7 和田十二法步骤

第一步	加一加	加高、加厚、加多、组合等
第二步	减一减	减轻、减少、省略等
第三步	扩一扩	放大、扩大、提高功效等
第四步	变一变	变形状、颜色、气味、音响、次序等
第五步	改一改	改缺点、改不便、改不足之处
第六步	缩一缩	压缩、缩小、微型化
第七步	联一联	原因和结果有何联系，把某些东西联系起来
第八步	学一学	模仿形状、结构、方法，学习先进
第九步	代一代	用别的材料代替，用别的方法代替
第十步	搬一搬	移作他用或转移他处
第十一步	反一反	能否颠倒一下
第十二步	定一定	定个界限、标准，能提高工作效率

如果逐步按这十二个步骤进行核对和思考，就能从中得到启发，诱发人们的创造性设想。和田技法，是一种打开人们创造思路、从而获得创造性设想的“思路提示法”。

1. 苹果土豪金的创新方法

案例：苹果土豪金的和田十二法创新

2013 年 9 月 20 日，苹果发布手机产品 iPhone 5S。在 iPhone 5S 上，苹果打破了多年来 iPhone 只有经典的黑、白两色的传统，加入了香槟金色，之后该颜色在网络上被调侃为“土豪金”，如图 5-12 所示。之后，“土豪金”一词又引申出带有戏谑倾向的含义，用以形容较为夸张的、以金色为主色调的、带有炫耀倾向的产品。

图 5-12　苹果土豪金

表 5-8　用和田十二法说明“土豪金”的创新方案

加一加	电池待机时间由225小时增加到250小时
减一减	Home键的部位去掉了中间的小方块
扩一扩	扩大显示屏面积
变一变	改变颜色，改进功能
改一改	边框采用金属原色打磨，改掉边框易掉色的缺点
缩一缩	摄像头单个像素尺寸缩小
联一联	金色象征富贵，提高品位
学一学	学习饥饿营销，造成“一机难求”的局面
代一代	指纹识别技术代替传统防窥探技术
搬一搬	把照相机快捷键按钮移动到手机左侧
反一反	与原来黑白色单一化相反，采用多元色彩产品策略
定一定	定位高贵，提高价格

案例分析：

和田十二法的使用，首先要明确创新对象和参照物，对于新一代苹果手机而言，其参照物便是上一代苹果手机以及其他同类型的智能手机。然后在现有参照物的基础上进行创新修改。修改的步骤便是按照和田十二法的各个步骤依次进行，每个步骤可以是一项创新，也可以是多项创新，经过十二个步骤之后，整个新手机便有了一个完整的创新体系。

此外，在苹果土豪金的整个创新体系中，给人最直观的感觉就是颜色的改变，黑色代表凝重，白色代表高雅，那么变成金色，则赋予了苹果手机豪华的感觉。更重要的一点是，金黄的颜色迎合了中国人的消费喜好，在良好的产品质量体验的基础上，简单的颜色改变，为苹果手机取得优秀的销售业绩做出了重要贡献。同时，定价策略也是苹果土豪金的一个亮点，通过价格的合理考量，将新款手机与身份地位联系起来，增加了品牌价值。可见，在和田十二法中，各个步骤所产生的创新元素地位并非完全平等，在均衡每个步骤的完整性之外，也要更加侧重塑造产品的亮点。

金色版手机不止苹果一家，镀金版 HTC One mini 在俄罗斯市场推出，机身背面镀有 24K 纯金，售价为 99990 俄罗斯卢布（约合人民币 1.9 万元，相当于 4 台 iPhone 5s）。该手机并非 HTC 官方推出的，而是 Gold Genie 的订制设备。据韩国媒体报道，惊闻苹果金色版 iPhone 后，三星高管紧急会商，决定推出金色版 Galaxy 手机，韩媒还晒出了一款拥有金色后盖的 Galaxy 手机。兰博基尼 S685 手机采用直板 T9 键盘的设计，整机为金属打造，并且采用镀金工艺，屏幕采用了一块 QVGA 分辨率级别的 2.0 英寸显示屏，使用蓝宝石水晶材质打造而成，机身均采用了 316L 级别不锈钢材质，一颗 300 万像素摄像头。国内售价约 1 万 ~ 2 万元。

2. 渣打银行“现贷派”

案例：渣打银行“现贷派”的创新营销

“现贷派”是由渣打银行于 2007 年推出的一款“无担保个人贷款产品”，如图 5-13 所示，在无担保个人贷款服务上，渣打银行成为第一个吃“螃蟹”的人。渣打银行于 2007 年作为第一家涉足无担保个人贷款业务的银行，推出“现贷派”产品。“现贷派”已经走过了 7 个年头，从设立之初到业务体系不断完善，服务模式不断优化，其客户数量与日俱增，以其精准的定位和集约化的服务模式，获得了众多贷款客户的青睐。

图 5-13　渣打银行现贷派

现贷派的营销策略，如表 5-9 所示。

表 5-9　用和田十二法说明渣打银行现贷派的营销策略

加一加	贷款额度增加（最高增加至50万）
减一减	贷款利息减少（每贷12个月减息1月）
扩一扩	贷款年限扩展（最长可延至5年）
变一变	改变贷款手续繁琐的缺点
改一改	改变传统申请不便的缺点，可使用在线申请
缩一缩	缩短放款等待时间（最快一天放款）
联一联	与高品质生活享受消费相捆绑
学一学	学习信用卡模式
代一代	以个人信用记录代替财产抵押
搬一搬	把该产品从一线城市往更多城市拓展
反一反	贷款年限由固定化变成自由选择
定一定	定客户，主要面向白领阶层，造就“白领　贷”

案例分析：

首先，要明确创新目标：设计一项贷款产品；然后，确定参照物——同类贷款产品或者信用卡消费产品；接着，按照和田十二法的各个步骤逐步思考创新元素并进行检核论证；最后，形成创新体系，设计创新产品。贷款的门槛高、手续繁琐、操作繁琐等是银行贷款业务扩展的主要制约因素。渣打银行的现贷派产品，就是通过“加一加”“减一减”等一系列的步骤实现产品改良创新，很好地体现了和田十二法的创新思路。

需要注意的是，和田十二法中的每一个步骤，都需要经过认真的检验、核查与论证，不能流于随意。例如，“减一减”并不是粗糙地把程序切除，而是在合理的范围内对冗余的手续简化。和田十二法中的“减法”，不是武断地“偷工减料”，而是在科学合理的设计框架内，寻求最优的解决办法，降低工作成本，提高运营效率。

3. 智能门铃的改良

案例：智能门铃的创新方法

在全球创客马拉松深圳站上，有一个叫 Kiwiboard 的团队做了一款智能门铃。有人按门铃就会触发 kiwiboard 里面的程序，自动发邮件到用户手机，用户手机收到之后就可以打开 App，看到门铃外面监测的图像视频。安装这样一个智能门铃后，你可以在任何一个网络环境下看到是谁按了你家的门铃。如图 5-14 所示。

智能门铃的性能

1）手机推送访客头像；如果你照片库中有存档的话，通过人脸识别直接告诉你访客的名字。那怕你不在家也可看到访客的脸！

2）如果访客是家人，智能门铃会比对数据库中的亲人头像信息，自动解锁，让你无须起身开门。

图 5-14　智能门铃

3）如果对方是快递员，你能通过手机上对应的 App，直接告诉他把快递放下，自己抽空去拿。

4）如果对方是你不喜欢的人，可以按照事先录制的语音打发他们走。

智能门铃的最主要创新方法是技术组合方法，这些技术包括门铃 + 人脸识别技术 + 声音辨别 + 指纹辨别 + 瞳孔辨别 + 手机 + 自动录音，等等，同时，也可以体现和田十二法的创新思路。

步骤如下。

第一步：确定创新对象：设计一个智能门铃。

第二步：确定参考物：传统门铃。

第三步：使用和田十二法若干步骤设计创新元素，如表 5-10 所示。

表 5-10　用和田十二法设计智能门铃的创新思路

加一加	增加录像功能
减一减	……
扩一扩	……
变一变	从单纯的声音识别变成多元化识别系统
改一改	改进主人不在家时无法应门的缺点
缩一缩	缩短主人反应时间
联一联	与手机软件相联系
……	……

第四步：形成创新体系，设计创新产品。

案例分析：

这一案例使用和田十二法，最主要的步骤在于“改一改”，现代门铃的发展越来越智能化，但是却还有一个明显的缺陷常常被人忽视，就是当主人不在家时，来访客人的到访信息无法及时地传达，或者当大人不在家，家里只有小孩时，如果有陌生人来访，可能会出现安全问题。针对这一缺点，*Kiwiboard* 团队发明的智能门铃，可以借用门铃与手机系统的有机结合，对来访客人进行远程识别，增加了家庭成员的安全保障。

改一改：是和田十二法里面的一个重要创新路径，在很多优秀的企业家选择创业模式时都得到过很好的体现。潘石屹就是因为善于改变，强调价值创新的勇气和智慧，率先引进了国外流行多年的“SOHO”概念（Small Office Home Office），即在家办公。SOHO 一族从本质上讲，不是地域空间的标志，而是一种思维观念，一种生活方式的改变。这样使得他的公司真正做到了“不与竞争者竞争”，进入一片蓝海。

联一联：看看事物之间有什么联系。江南春在电梯即将关闭时看到舒淇的海报，联想到电梯门口安电视，造就分众传媒，带来亿万财富；蒙牛将航天载人火箭与牛奶联系在一起，借势提升了知名度和牛奶的品质；产品与健康、人性、情感等联系到一起就更有价值，更受欢迎，比如可口可乐代表欢乐，统一鲜橙多代表漂亮，雕牌走情感诉求。农夫山泉用纯净水和矿泉水养花试验让你联想到久喝纯净水于身体无益，从而提升自己矿泉水地位。珠宝戴在美女模特身上让人联想到美，钻石让人联想到“永远”。车展的时候总是配备很多漂亮的车模，吸引顾客买车，仿佛买了车就能得到人。

搬一搬：就是移动，转做他用或是把物品的某一部件搬动一下，产生一种新的物品或者产生一种新的效果。如 21 寸彩电在城里没销路，向边远农村转一转，可能又焕发第二春；我们已经淘汰的产品，拿给身边的朝鲜乃至于非洲兄弟，可能人家会拿着当宝贝。

如此种种，和田十二法通过十二种简单的路径帮助人们快速地打开创新思路，在上面的内容里，我们介绍了变一变、减一减、改一改、联一联、搬一搬等几种最基本、最常用的方法，读者可以根据自己的需要，把后面的其他方法作为思考练习，更加全面地掌握和田十二法这种创新方法体系。

第 6 章

画画也能找到创新密码

异想天开给生活增加了一分不平凡的色彩，这是每一个青年和善感的人所必需的。

——巴乌斯托夫斯基

图形化创新工具主要包括：曼陀罗图法、莲花图法、思维导图法及鱼骨图法。本章内容主要介绍图形化创新工具的结构、作用以及应用等，更好地拓展我们的思维，发挥我们的想象力、创造力，可以在学习、工作中学以致用。

一、曼陀罗图法

曼陀罗艺术原本起源于佛教，其原意如图 6-1 和图 6-2 所示。知名的九宫格应用专家金泉浩晃将此法定义为一种深思考，从核心出发，扩散思考范围后，一一筛选过滤，尤其适合用来作为自我管理的工具，协助规划未来、制订自我年度目标计划。曼陀罗图法的最终目的是将“知识”转变为实践的“智慧”。

曼陀罗图法以九宫矩阵为基础，进行发散式或者环绕式等多种方式的扩展。利用曼陀罗思考法，可跳脱平日想不出好构想的直线思考，而将思绪四面八方地拓展，轻易产生成千上百的好灵感。

曼陀罗是古印度语中的梵语。

曼陀罗=MANDA+LA

（MANDA表示事物的本质、精髓、妙趣；LA具有成就、所有等意思。）

曼陀罗=完成拥有本质、精髓的事物

衍生意义：从中心扩展其意义的事物

图 6-1　曼陀罗的原意

图 6-2　佛教曼陀罗图

就其形态来看，曼陀罗图法共分九个区域，形成能诱发潜能的“魔术方块”。与以往条列式笔记相比较，可得到更好的视觉效果。一般逐条记录的笔记制作方法无法使人产生独特的想法和创意，因为思想唯有在向四面八方发展之时才可能产生创意，根据直线循规蹈矩的思考方式，被称为“直线式思考”。反之，曼陀罗图法能在任何一个区域（方格）内写下任何事项，从四面八方针对主题做审视，乃是一种“视觉式思考”。人类思考必在感觉器官感觉事物之后，方能利用曼陀罗图形予以系统化，给予有方向感的利用，潜能便可在连续反应下持续被激发。曼陀罗图形的变形如图 6-3 和图 6-4 所示。

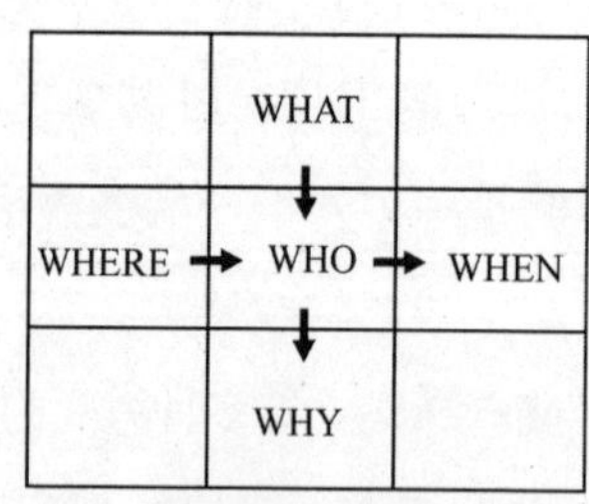

图 6-3　基本的曼陀罗图形

图 6-4　延伸的曼陀罗图形

曼陀罗图法有“四面八方扩展型”和“围绕型”两种使用方式。

“四面八方扩展型”（图 6–5）是一种没有设限的模式，特别适合用来收集灵感进行创意思考。只要使用者在九宫格的中间填上想要发挥的主题后，便会自然地想要把其他周围的 8 个空格填满，而这种填满的过程也正是创意发挥的时候。当然也可以用来分析出现问题的原因和解决办法。

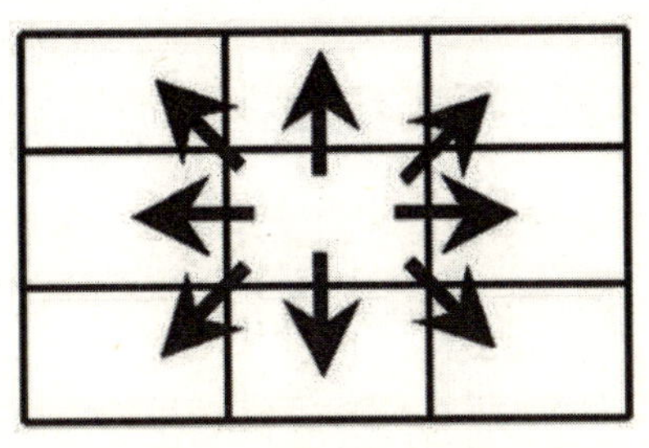

图 6-5 四面八方扩展型

围绕型

第二种，想法是有时间顺序的，或者是有优先顺序的，称为“围绕型”。围绕型又依照方向，可以有“顺时针型”（图 6–6）、“逆时针型”（图 6–7）。

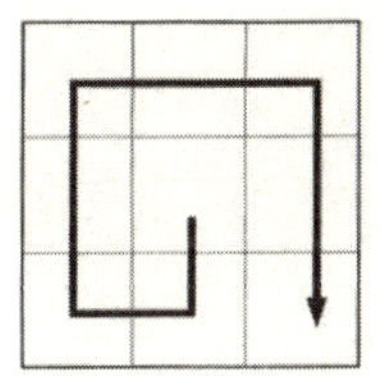

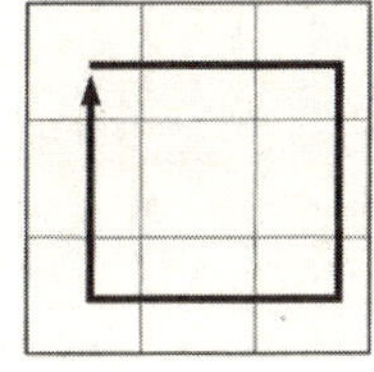

图 6-6 顺时针型

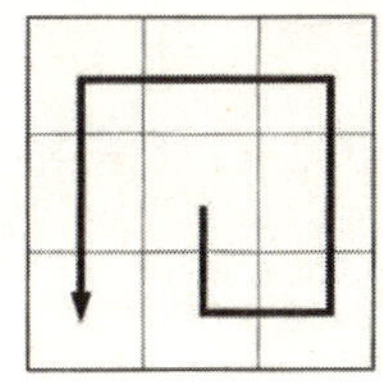

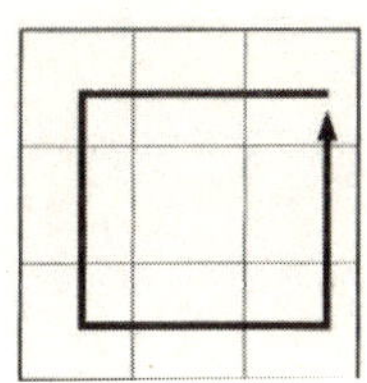

图 6-7 逆时针型

围绕型的运用比较适合用来作为流程性质的思考与安排，在中心格上列出主题以后，便可以开始以顺时针或者逆时针的方式安排行程。这样的形式可以跟“四面八方扩展型”搭配使用，亦即“围绕型”中的任何一个空格都可以独立抽出，然后以“四面八方扩展型”的方法搭配，加以发挥。

1. 曼陀罗法的创新应用

其一，曼陀罗法可应用于产品设计创新

曼陀罗法作为一种创新方法，其首要的使用领域在于对创意的激发。即便是面对一项平时并不起眼的事物，利用曼陀罗法，都可以简便地对其进行发散延伸，触发出新的事物和模式。

案例：使用曼陀罗法进行电话机创新

电话机是我们日常使用的重要通信工具，那么如何对电话机进行创新呢？使用曼陀罗图法如图 6-8 所示。

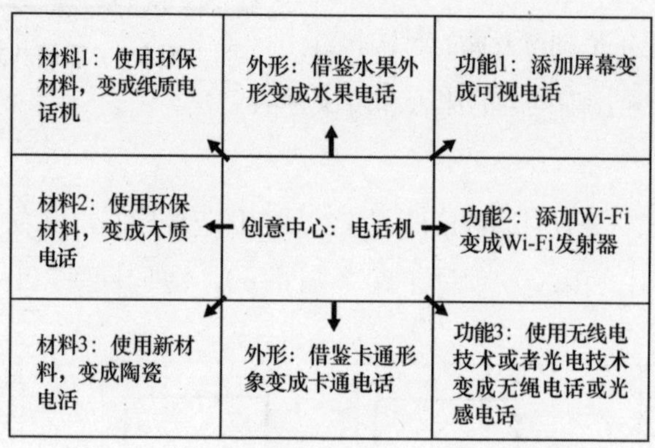

图 6-8

案例分析：

对于电话机的创新，案例使用了四面八方扩展型的曼陀罗法，以电话机为中心对象，对其材料、外形和功能进行扩展发散，然后就可以得到相应的创新成果。案例中，我们只截取了材料、外形和功能3个点，但实际上，最简单的曼陀罗图里面，除了中心空格以外，都有8个扩展空格，这8个空格的内容可以重复、也可以分别独立，如对于电话机，我们可以对其材料、外形、功能、价格、安全、文化、历史7个方面进行发散。前面三者自不必说，价格发散我们可以设计出几万元的高端贵族电话或者几块钱的廉价电话；安全发散我们可以设计出防窃听电话，文化发散我们可以设计出中式、欧式电话；历史发散我们可以设计出仿古电话等。使用曼陀罗法，可以让我们的创新思路变得宽广而有序。

其二，曼陀罗法可带动工作方法创新

曼陀罗图法在日常的工作中可以发挥广泛的作用。由于其简易性与可操作性，曼陀罗图法可以具体落实到工作的每一个环节，贯彻到每一个细节，例如工作中的制订计划、设计方案、业务总结、会议组织等，都可以使用曼陀罗图法创造性地予以解决。

案例：使用曼陀罗法制定会议流程图

某公司的一名行政秘书，一天突然收到上级通知要尽快组织召开会议，但是当天因为工作很多，这名秘书已经感到很疲倦，接到任务后大脑一片空白，为了降低大脑对工作的抗拒性，尽快进入工作准备状态，她使用了曼陀罗法制定会议流程，如图 6-9 所示。

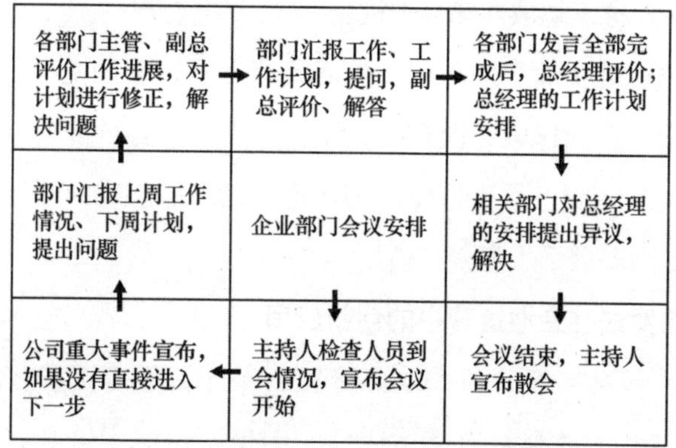

图 6-9　使用曼陀罗法制定会议流程图

案例分析：

案例中使用的是围绕型的曼陀罗法，按照顺时针方向从中心出发，逐步列举会议安排程序。一般看来，在这个案例中使用曼陀罗法，似乎并没有太大的优势，因为直线型的列举铺陈方式并不比曼陀罗法复杂，甚至还要简单一些，但在具体的实践中证明，作为平面式甚至立体式的工作方式，曼陀罗法更加能够激发大脑潜能，从而得到更高的工作效率和更好的工作效果。因此案例中提示的背景是非常重要的，在精神高度紧张，大脑高度疲劳状态下，长时间直线式的思考方法，容易让思维产生定势，交替使用思考方式，能够保持人脑处于兴奋状态。

其三，曼陀罗法带动学习方法革命

曼陀罗图法是开启一个人智能与快速联想力的一个好工具，其九宫格模式又可以活用在教育界、企业界及艺术界许多地方，故这几年透过坊间一些记忆术、心智绘图文教机构、资策会数字教育研究所等多元智能与效率学习中心在民间与学校推广之下，越来越被熟知与重视。

曼陀罗图法也被多面向地活用在学习策略方面，比如说写日记、抓取文章重点、目标设定、自我探索、提升心灵等，对于学生各种能力与思考也能有很大的启发与帮助。在启发学生写作文与创意思考、联想力、阅读理解能力上有不错的成效，受到多数学生喜爱，适用性高。

其四，曼陀罗法在企业运营中的创新应用

企业运营，包括生产管理、业务管理、人才管理等诸多方面，自有其方法体系，但是这些方法尽管有其适用性，但也不免流于繁杂。事实证明，大量的企业由于管理方法体系的固化，导致运营效率低下，最后被激烈的市场竞争所淘汰。因此，引进科学的创新方法，为企业运营管理注入新鲜血液，显得意义深远。曼陀罗图法就是众多创新方法中被证明卓有成效的一种。随着曼陀罗法的深入研究与发展，其应用的深度和广度都得到了很大的延伸。

案例：花旗银行——人才甄选的九宫格法

高级金融人才的成长往往需要较长的时间，但是对于花旗银行来说，中高层管理者从来不向国内同行挖角："我们更加重视自己员工的培养"。花旗银行依靠雄厚的企业实力为快速选拔管理者而建立了强大的培训体系，其中就包括成功的选拔体系。

为合理选拔优秀人才成为团队的管理者，花旗银行培训中成功地开发了九宫格法，根据绩效和潜能两种考核结果，将员工分别放在九宫格不同的格子里，按照每格的含义，进行相应的培训。并且根据不同的等级采取不同的对待措施。通过九宫格法甄选出来的优秀员工进入管理者后备行列，如图 6-10 所示。

优秀转变型：已具备转变到更高层次的能力。进行培训，准备提升 →	优秀成长型：有能力承担更大、更广泛的工作。对其进行管理类和其他部门工作的培训 →	完全达标转变型：在将来有能力进行转变，更加出色。作为第一格人才的后备储蓄，进行对应培训 ↓
贡献者成长型：可能在某些工作方面表现良好，其他方面表现不佳或很差 →	贡献者熟练型：在自源、稳妥和有能力的基础上，必须帮助其达到安然无恙全达标（绩效）	优秀熟练型：有能力在同一层级的相似工作岗位上高效地工作，工作老练，同时具有掌握新技能的能力 ↓
↑ 贡献者转变型：表示需要往更优秀的绩效努力。因为他们在新的岗位上还没表现出应该表现的绩效	← 完全达标熟练型：技术熟练，需要素质能力的提升，向完全达标转变型努力	← 完全达标成长型：有可能在目前的层级承担更多的职责，但是应该努力达到优秀的绩效

图 6-10　花旗银行的九宫格

案例分析：

花旗银行的九宫格法，其实就是曼陀罗法，具体就上面图表来说，使用的是顺时针围绕型的曼陀罗法（参照图标示箭头）。花旗银行把员工分为九大类，分别描述其状态和培训方案（限于篇幅省去培训方案），整个人员体系就简明扼要地展现在一张曼陀罗图中，人力管理人员可以轻便地从中获取资料，在制定各项人才培养措施或者使用方案时，可以找到明确的参照标准。花旗银行使用曼陀罗法进行人才选拔与管理，是管理方法的重大创新，曼陀罗法一方面让人才体系表格化、直观化，大大提升了管理效率；另一方面，也避免了传统人才管理中各种复杂人际关系因素的干扰，使企业运营科学化和现代化。

2. 动动手，画个价值创意图

一般来说，曼陀罗图的制作比较简单，直接用简单的电脑制图工具就可以快速做出想要的创意图。但是现实工作中，我们并不能完全依赖电脑，过分依赖现代工具，反而不能显示出曼陀罗图法的简易性。因此更多情况下，我们只需要在任何时候、任何地点，带上一支笔和一张纸，就可以使用曼陀罗图法进行创意构思和规划。

案例：手写的价值曼陀罗图

价值，是一个很抽象的概念，当我们接触到这个概念的时候，能够联想到的内容往往是有限的——尽管它离我们很近，但我们却很少注意到它。为了对“价值”这一抽象事物有一个基本的认识，我们使用曼陀罗图法勾勒出其基本的框架，如图 6-11 所示。

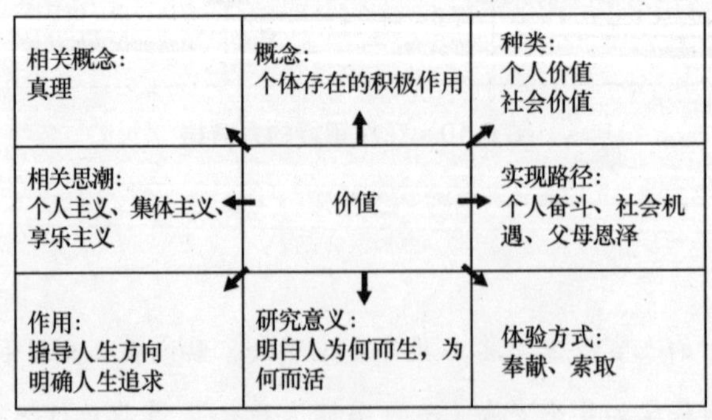

图 6-11　价值曼陀罗图

案例分析：

这是一个四面八方扩散型的曼陀罗图，首先确定中心空格的“价值”，然后对其概念、相关概念、种类、实现路径、相关思潮体验方式和作用等 8 个方面进行扩散，就可以获得一张关于价值创意的简单曼陀罗图。

二、莲花图法

莲花图法是从曼陀罗法的基本单位扩展而来的，是曼陀罗图法的一种种类——向四面扩散的辐射线式在思维上的扩展，在用法上基本相似，可以帮助我们拓宽思路，也可以帮助我们寻找更多的灵感。

莲花图，正如其名，其形态就是以莲花为原型抽象出来的。正如一朵莲花，以莲蓬为核心，向四周逐层伸展出花瓣，可以是一层，也可以是两层或者多层，但每一层的花瓣大小都是大致均等的。莲花图也是如此，以一个主题为核心，逐步向外扩散，最后形成一个由内向外的莲花结构图，如图 6-12 所示。

图 6-12　各种形态的莲花图

相对于曼陀罗图，莲花图级数倍地增加了表格的数量，这也就意味着想象的空间也相应地扩展。在一定的逻辑关系下，可以肆意地进行思维发散。这种思维发散可以是层次性的，例如由家具发散到椅子、桌子和柜子，体现主分关系；也可以是直线性的，例如从早餐发散到中餐、晚餐和夜宵，体现延伸关系；还可以是关联性的，例如由稻米发散到老鼠、蛇和猫头鹰；甚至可以是跳跃性的，例如由青草发散到牛羊、屠宰、工厂。

莲花图的具体表现也是多姿多彩的，在总体布局稳定的条件下，可以进行大胆的设计和改装。一般来说，莲花图法使用最广泛的是原因型莲花图和对策型莲花图，如图 6-13 所示。

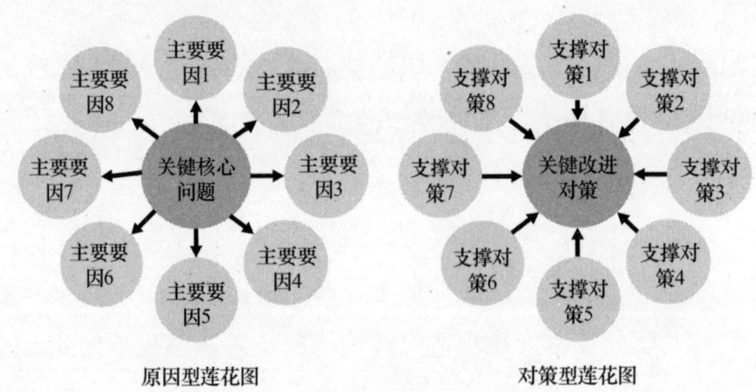

图 6-13　莲花图两种类型

原因型莲花图的形成，需要小组成员根据已经产生的或者预计产生的核心问题进行讨论，把造成这一结果的原因详细地一一分析，直到找到能够直接采取纠正措施的具体原因，分析过程方可停止。对策型莲花图的形成，则需要小组成员根据将要采取的核心对策进行讨论，把能够支撑这一改进对策的做法详细地一一分析，直到该对策能够系统地进行描述，分析过程方可停止。

案例：对策型莲花图创新解决视频监控设备销售问题

某企业从事视频监控设备的生产和销售，如图 6-14 所示，但是最近一段时间的销售业绩不尽如人意，库存压力日渐增大，在这样的环境下，企业负责人紧急召开会议，意图拿出有效的解决方案。在下属的建议下，该负责人采用了莲花图法进行对策创新。

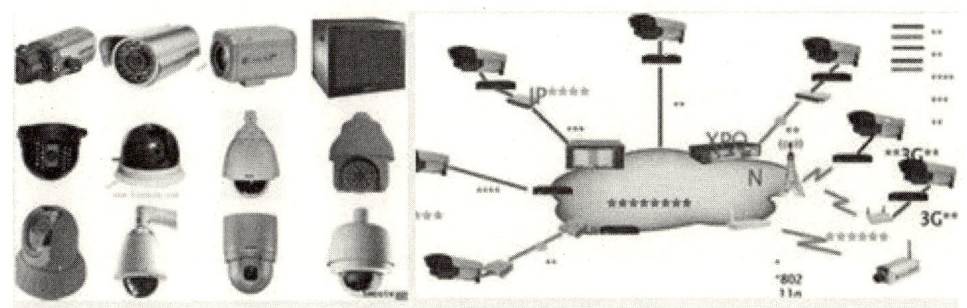

图 6-14　视频监控设备

对策莲花图如图 6-15 所示。

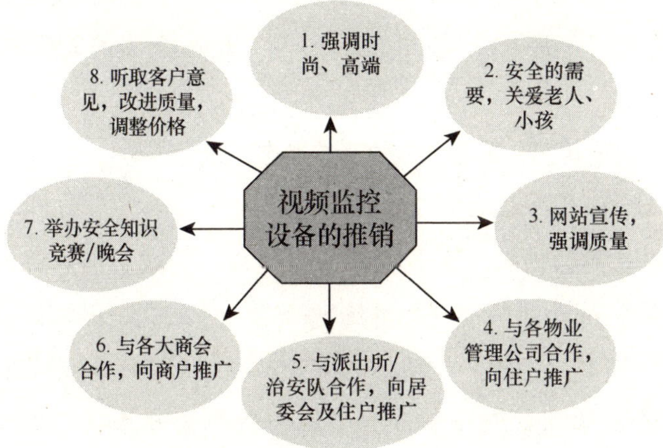

图 6-15　监控设备推销对策莲花图

案例分析：

首先，确定视频监控设备推销这个内核，然后逐个明确能够创新解决问题的关键要素。在本案例中，分别从高端定位、安全需求、网站宣传、物业

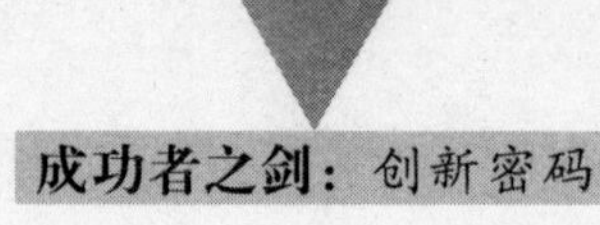

推广、官方合作、商会推广、晚会活动、价格调整等方面入手，形成一个体系性的对策体系。体现了两个方面的创新，一方面是具体对策创新，例如与派出所等执法机构的合作，是区别于以往推广模式的方案；另一方面是体系化，这也是莲花图法的创新体现，区别于以往个别、零散的方案提出，莲花图法能够将一系列的措施组合起来实施，实现“1+1>2”的效果。同时，在列举对策的时候，要注意把握各个对策之间的独立性以及尽可能保证整体对策体系的完整性。

如何使用莲花图进行创新?

一是要确定内核，也就是使用莲花图创新的主体。从最常见的两种类型的莲花图来看，莲花的内核可以分为两种类型：对策型与原因型，对策型莲花图对应的是回答“如何提高/改善/降低……”，原因型对应的是回答“为什么会产生……”

二是要绘制莲花图，选择具体的莲花形态。相对应地，对策型莲花图是收缩型莲花，原因型莲花图是发散型莲花。

三是要确定具体创新元素。由于导致核心问题或关键对策的影响因素包括很多方面，而要能够完全、准确地分析一个问题，必须做到关键要素的不重叠、不遗漏。因此，在将核心问题或关键对策分解为不同影响要素的时候，各个要素进一步延伸深化（原因型）或者发散拓展（对策型），形成更深层次的莲花图，直到完成既定目标——找到具体原因或者形成创新对策体系。

莲花图法在创新实践中可以发挥重要作用，其将传统的分析问题和解决问题的方法图形化、直观化，在保留左脑抽象思维能力的同时，开拓了右脑形象思维的创造能力，在学习工作、企业运营乃至于发明创造等诸多领域都可以大展身手。

三、思维导图法

思维导图，又叫心智图，是表达发射性思维的有效的图形思维工具，简单却又极其有效。思维导图运用图文并重的技巧，把各级主题的关系用相互隶属与相关的层级图表现出来，把主题关键词与图像、颜色等建立记忆链接，思维导图充分运用左右脑的机能，利用记忆、阅读、思维的规律，协助人们在科学与艺术、逻辑与想象之间平衡发展，从而开启人类大脑的无限潜能，如图 6−16 所示。

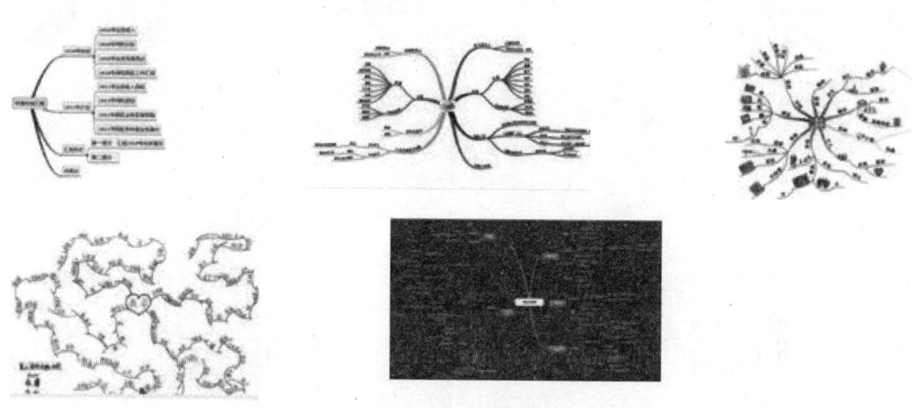

图 6-16　各式各样的思维导图

思维导图是一种将放射性思考具体化的方法。放射性思考是人类大脑的自然思考方式，每一种进入大脑的资料，不论是感觉、记忆或是想法——包括文字、数字、符码、食物、香气、线条、颜色、意象、节奏、音符等，都可以成为一个思考中心，并由此中心向外发散出成千上万的关节点，每一个关节点代表与中心主题的一个连结，而每一个连结又可以成为另一个中心主题，再向外发散出成千上万的关节点，而这些关节的连结可以视为记忆，也就是个人数据库。

思维导图的形态丰富多彩，其制作和使用既充满着创造性的色彩，也体

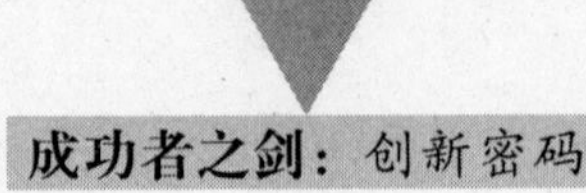

现了个性化的特征。养成使用思维导图的习惯，对于创新能力的培养，有着重要的意义。

1. 如何制作思维导图

第一步，准备材料，如图 6–17 所示。

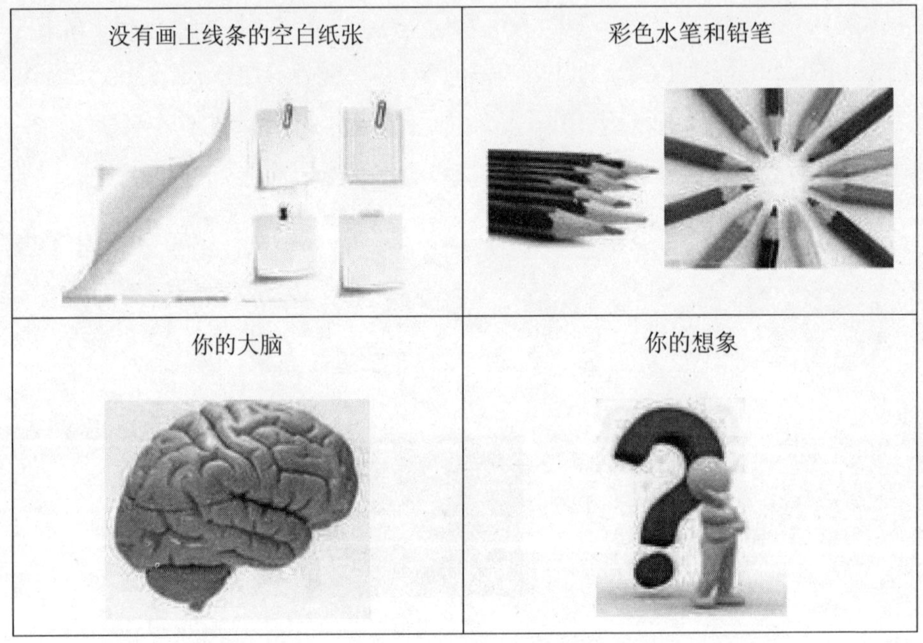

图 6-17　需要准备的材料

第二步，绘制。

绘制有 7 个步骤，如表 6–1 所示。

表 6-1　绘制思维导图的 7 个步骤

第一步：从一张白纸的中心开始绘制，周围留出空白
第二步：用一幅图像或图画表达你的中心思想
第三步：在绘制过程中使用颜色

（续表）

第四步：将中心图像和主要分支连接起来，然后把主要分支和二级分支连接起来，再把三级分支和二级分支连接起来，依次类推
第五步：让思维导图的分支自然弯曲而不是像一条直线
第六步：在每条线上使用一个关键词
第七步：自始至终使用图形

绘制思维导图的技巧要点，如表 6-2 所示。

表 6-2　绘制思维导图的技巧要点

清晰明白	突出重点
（1）让纸张横放在桌前，从中央开始 （2）每条线上只写一个关键词 （3）不同级别主题的线条粗细合理 （4）间隔要安排合理，边界要能“接受”分支概要	（1）一定要用中央图，次主题3～7个 （2）尽可能用色彩丰富的图形 （3）中央图形上要用三种或者更多的颜色 （4）图形要有层次感，可以用 3D图 （5）字体、线条和图形尽量多一些变化
使用联想	**形成个人风格**
（1）在分支之间进行连接时，可使用箭头 （2）使用代码 （3）使用各种相关的色彩、图示、符号	（1）布局合理，层次分明 （2）条理顺序，使用数字 （3）图形简洁，清楚易懂 （4）夸张手法、有趣 （5）颜色搭配和谐，总体效果好

案例：绘制“太阳”思维导图

闭上眼睛，持续 1 分钟，思考太阳是什么样的，如图 6-18 所示。

先拿出一张白纸和一些水彩笔。把这张纸横放过来，这样宽度比较大一些。在纸的中心，画出能够代表你心目中“太阳”的图像。使用水彩笔，尽可能地任意发挥。现在，给这幅图贴上标签：“太阳”。

从“太阳”图形中心开始，画一些向四周放射的粗线条。每一条线都使用不同的颜色。这些分支代表你关于“太阳”的主要想法，如图 6-19 所示。在绘制思维导图的时候，你可以添加无数根线，但是因为我们现在只是在做练习，所以我们把分支数量限制在 5 根以内。

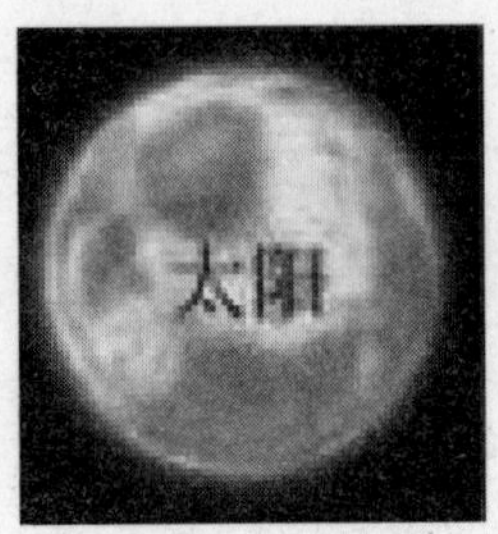

图 6-18　想象太阳的样子

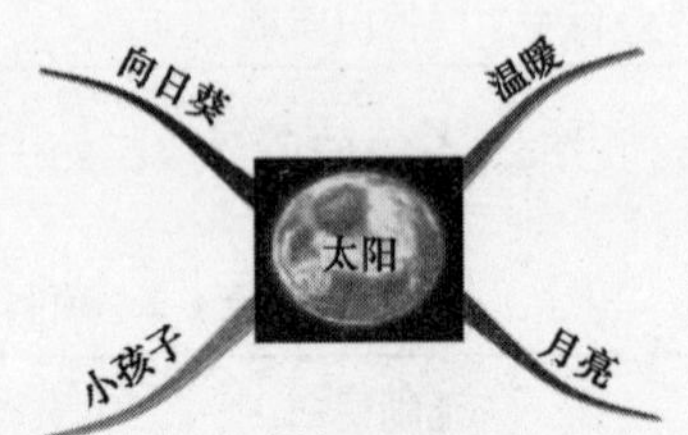

图 6-19　思维导图第一阶段

在每一个分支上，用大号的字清楚地标上关键词，这样，当你想到“太阳”这个概念时，这些关键词立刻就会从大脑里跳出来。就像你看到的一样，此时此刻，你的思维导图基本上是由线和词汇组成的。那我们怎样才能改进它呢？

现在，让我们用联想来扩展这幅思维导图。回到你绘制的思维导图上，看看你在每一个主要分支上所写的关键词。这些词是不是让你想到了更多的词？例如，假如你写下了“温暖”这个词，你会想到周总理、热汤、火堆等。根据你联想到的事物，从每一个关键词上发散出更多的分支。分支的数量取决于你所想到的事物的数量——可能有无数个。但是在这个练习当中，请画出 3 个分支。

然后完成与第一阶段相同的工作：在这些等待填充的线上清楚地写下每个关键词。用上一级关键词来触发灵感。别忘了在这些分支上再次使用颜色和图形，如图 6-20 所示。

你现在已完成了第一幅基本思维导图。你会注意到，即便是在开始阶段，你的思维导图里也已经填满了符号、代码、线条、词汇、颜色和图像，这些都能使你大脑更高效、更愉快地工作。

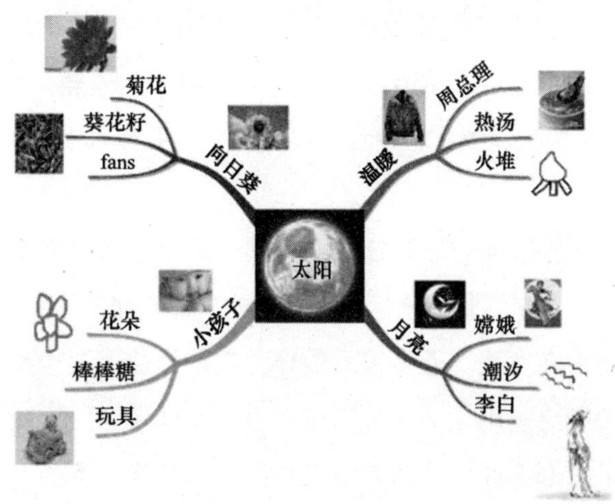

图 6-20　思维导图第二阶段

2. 思维导图对创新的重要作用

思维导图的玄妙之处，在于跳出传统的文字表述的概念性思维，借助右脑对色彩、图像等具体性元素的敏感来刺激整个思维系统。同时，思维导图之所以在实际应用中能够发挥奇特的效果，源于其基本运行机理和大脑运行机理具有一致性。人类从一出生即开始累积一个庞大且复杂的数据库，大脑惊人的储存能力使我们累积了大量的资料，经由思维导图的放射性思考方法，除了加速资料的累积量外，更多的是将数据依据彼此间的关联性分层分类管理，使资料的储存、管理及应用更系统化而增加大脑运作的效率。思维导图和大脑运行一样，都是利用结构性的知识树，对各种元素进行归类对比，从而促使新知识的产生。另外，思维导图最能善用左右脑的功能，借由颜色、图像、符码的使用，不但可以协助我们记忆、增进我们的创造力，也让思维导图更轻松有趣，而且具有个人特色及多面性。

思维导图以放射性思考模式为基础的收放自如方式，运用在创意的联想与收敛、项目企划、问题解决与分析、会议管理等方面，往往产生令人惊喜的效果。它是一种展现个人智力潜能极至的方法，可提升思考技巧，大幅增进记忆力、组织力与创造力。它与传统的方法相比有量子跳跃式的差异，主要是因为它源自脑神经生理的学习互动模式，并且开展人人生而具有的放射性思考能力和多感官学习特性。

思维导图为人类提供一个有效思维图形工具，运用图文并重的技巧，开启人类大脑的无限潜能。它充分运用左右脑的机能，协助人们在科学与艺术、逻辑与想象之间平衡发展。近年来思维导图完整的逻辑架构及全脑思考的方法。在国内外被广泛应用在学习及工作方面，大量降低所需耗费的时间以及物质资源，对于每个人或公司绩效的大幅提升，必然产生令人无法忽视的巨大功效。英国注册会计师学院的学生为了获得大奖，利用思维导图准备考试；一些像“普莱斯握特豪斯”这样有名望的公司的税务咨询官员利用它解决问题，指导客户。

DO YOU KNOW?

美国波音公司在设计波音747飞机的时候就使用了思维导图。据波音公司的人讲，如果使用普通的方法，设计波音747这样一个大型的项目要花费6年的时间。但是，通过使用思维导图，他们的工程师只使用了6个月的时间就完成了波音747的设计！并节省了1000万美元。思维导图的威力惊人吧？如图6-21所示。

图 6-21　波音 747 飞机与思维导图

案例：思维导图激发员工创造力

电子数据系统公司（EDS）是一家信息系统巨头公司，如图 6-22 所示。它把在员工中间使用智力扫盲的训练作为公司主要的目标。这个活动的一个主要特性在于领导层的发展能力。为了实现这个目标，完整地理解每个人的项目目标是什么，并且建立领导人或者各个不同项目的“领头人”是非常重要的。

图 6-22　EDS 总部图片

为了辨认出每个项目组的领头人的作用，整个小组都分发了一张空白的思维导图纸，作为一个小组，它们都得在里面填写内容。如项目负责人和思维导图的倡导者吉姆・莫塞米特和托尼・莫塞纳所言：“它工作起来特别有效，只花了很少的时间，每个人都完全理解了我们将要去完成的任务以及领头人的目的。”

案例分析：

EDS 作为一家信息科技企业，在对创新方法的使用上有着较强的适应性。通过让项目组的领头人描绘其工作任务和目的的思维导图，不仅能节约沟通交流的时间，同时也能使各自所要表达的内容形象化，便于理解。更重要的是，制作思维导图的过程，也是一个自我教育、自我激发的过程，可以让员工本身的创造力得到更好的释放。

3. 水的思维导图——如何运用思维导图发散思维并进行创新

发散型思维导图，是指利用发散思维进行思维导图的设计以及使用，是发

散思维与图表工具有机结合的产物。借助发散型思维导图，可以为创新活动提供工具，使之更为高效与便利。

利用思维导图对特定主题进行拓展发散，可以达到元素可视化、元素逻辑化、元素多元化三种效果，这三种效果为创新提供了重要条件。

元素可视化，是指使用可以看得见的图片或者绘画代替抽象的文字概念，将大脑中的元素变成现实的元素集合图。元素逻辑化，是指将凌乱的、分离的元素按照一定的逻辑关系整合在同一张思维导图中。元素多元化是指模拟大脑运行机能，按照一定的路径促使元素种类尽可能丰富，层次尽可能深入。经过以上三个方面的作用，下一步的创新便从意愿变成了可能。运用思维导图进行发散创新，其原理图如图 6-23 所示。

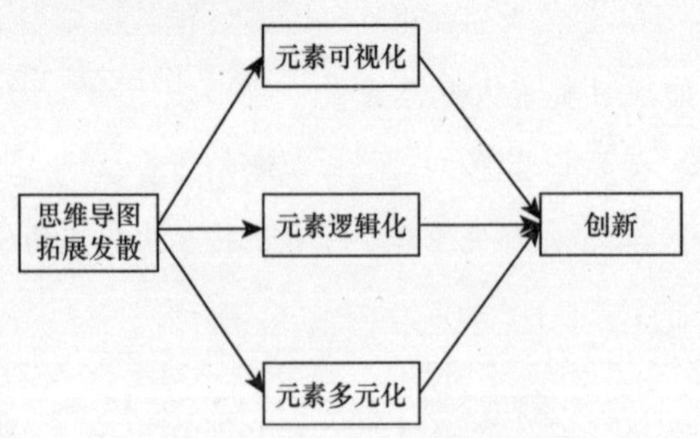

图 6-23　思维导图发散创新原理

需要重点指出的是，利用思维导图进行思维发散的环节并不属于创新活动环节，而只是为了创新而采取的有利准备，或者说属于创新的前奏曲，而非创新的进行曲。

案例：水的发散思维导图协助创新

某企业策划人员接到一项任务，设计一个以“水”为主题的晚会策划案。对于水，所有人都非常熟悉，都可以轻易说出与之相关联的因素，但是正是因为这个主题过于庞大，反而令该策划人茫然不知从何下手，在这样的情况下，他选择了使用思维导图对“水”进行发散，从而对这个主题形成一个可视化的印象图，为进一步地创新设计提供了有益的帮助。

图 6-24 是策划人员制作的简要的思维导图。

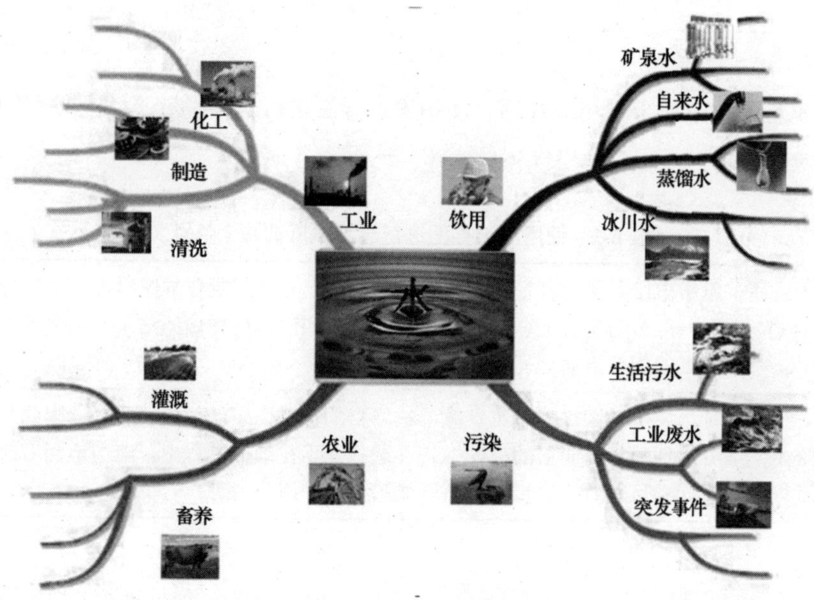

图 6-24　水的思维导图

通过思维导图的制作，该策划人员的思路扩展开来，从单纯对水的认识延伸至工业、农业、水饮用、水污染等多个领域，并且将原本的抽象认识变成形象认识，在接下来的创新设计中，思路得到很好的开阔，其创新素材大大丰富。

案例分析：

以“水”为主题进行思维发散，其内容无疑是异常庞大的，如果企图将所有相关元素都囊括在内，是不现实的。因此，在使用思维导图时，只能尽可能增加发散的分支，这一案例由于篇幅关系，只是截取了一部分元素进行简要的发散，如果要取得更好的效果，还可以从水的性质、形态、典故等诸多方面进行发散。案例中选取的元素，主要侧重于水的用途和问题两大方面，在全面性方面，是不足的。

从上面的案例分析可以知道，使用思维导图进行思维发散，从而激发创意，具有两个方面的特点：选择性和目的性，如表 6–3 所示。

表 6-3 使用思维导图进行思维发展的两个特点

选择性	基于思维导图的容量及制作的繁杂程度，在实际制作导图时，可以适当放弃一部分与创新主题关联较远的元素。当然，这样做的结果，也会导致接下来的创新活动会丧失一部分创意来源
目的性	使用思维导图进行思维发散，最终目的都是为了创新活动服务，因此从一开始便显示出明显的目的性。在选择元素扩散的过程中，应当适当考虑所选元素可能对下一步的创新所能起到的作用

总之，合理使用发散型思维导图，可以服务于创新，从而促进创新灵感的迸发，在实际运用中，常常可以起到事半功倍的作用。

4. 马桶的思维导图——如何运用思维导图进行联想思维创新

联想型思维导图，是指利用联想思维进行对思维导图的设计和使用，是对联想思维的工具化运用，如图 6–25 所示。

图 6-25 联想型思维导图的由来

联想型思维导图，与发散型思维导图一样，可以起到拓展思路、激发创新的作用，在创新密码体系中，也承担着不可轻视的助手角色。

与前面利用发散型思维促进创新一样，联想型思维导图对创新活动的作用机制也是通过元素可视化、逻辑化与多元化来完成的，具体过程可以参看上一部分的原理图。与发散型思维导图所不同的是，本部分元素之间的逻辑关系具有更多的跳跃性和随机性，这也是发散思维与联想思维的区别所在。

发散型思维导图，导图主题与主枝干的逻辑关系，一般都是主分关系、包含与被包含关系。例如，由水果发散到香蕉、苹果、梨子。而联想型思维导图，导图主题与主枝干之间的关系，却具有不确定性，取决于当时的大脑思考状况和知识积累储备状况，例如，由水果可以联想到果农，也可以联想到果树，或者联想到饮食乃至于营养健康。

联想型思维导图在激发创新思路，开拓创新事业方面，更具有典型的意义。或者说，联想型思维导图，离创新的距离，往往更近一些。

案例：马桶的思维导图带来的企业创新

广东佛山的一家陶瓷生产企业，在经过长期的市场摸索以及生产积累之后，选择了将卫浴产品作为企业的主打方向。该企业的老板是一位传统的生意人，本身学历不高，依靠自身多年的摸爬滚打创业发展，才在市场中开始站稳脚跟，所以该老板的市场危机感非常浓厚，并且有着强烈的创新意识，尤其是对产品的创新设计方面特别重视。在朋友的建议下，他在自己的公司里面推行思维导图的运用，意图通过思维导图工具开发下属的创新思路，在一段时间的学习与运用后，果然起到了比较不错的效果。图 6-26 是根据该企业马桶产品制作的一张联想型思维导图。

利用上面的思维导图，可以为进一步完善“马桶”产品设计提供思路，例如，从便利的角度，开发出儿童、病人专用马桶；从卫生角度，开发出具有紫外线杀菌以及自动除臭功能的马桶；从情趣角度，开发出音乐马桶、广播马桶或者在马桶附近提供阅读设备等。在技术条件允许的情况下，还可以

再进一步开发围绕马桶为起点的粪水处理环保系统，为绿色节能和资源利用提供新路径。

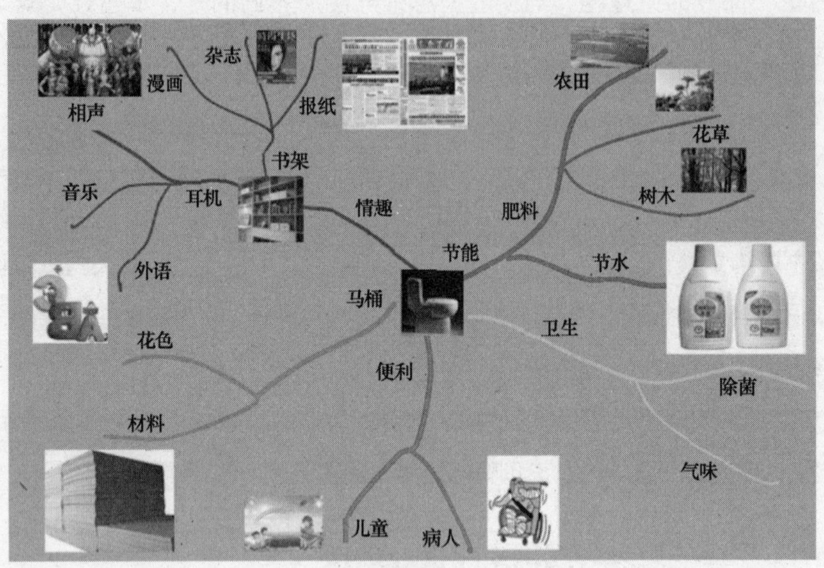

图 6-26　马桶的思维导图

案例分析：

利用思维导图对马桶开展联想，可将与马桶相关的元素体系化、可视化地集中在一起，同时也有利于元素的多元化列举。从不同的角度进行联想，就可以得到各种各样的相关元素，然后从这些可视化的元素出发，进一步思考开发、完善当前元素的创新措施与产品，从而实现由思维导图到创新的推进过程。

用发散型或者是联想型思维导图激发创新，需要注意的问题如表 6-4 所示。

表 6-4　使用思维导图的注意事项

第一	使用思维导图可以协助创新活动，但是该使用过程本身并不是创新活动，两者的关系需要界定清楚。准确来讲，使用思维导图，是更好地进行创新服务的一种手段
第二	使用思维导图，一般不能直接应用于产品设计，而只是为产品设计提供灵感或者思路。产品设计的过程，往往涉及大量的专业知识与专业工具，这些知识、工具的使用，是绝大多数思维导图所无法替代的
第三	思维导图的制作，一般有两种方法，一种是使用专业的电脑软件，另一种是手绘。前者需要专业系统的操作训练，后者需要较好的绘画功底。这两个条件在一定程度上限制了思维导图的推广，当然也限制了一般人员对思维导图的使用
第四	思维导图的形式与内容具有辩证关系。思维导图的形式在激发创意时是非常重要的，尤其是色彩、线条、图画等的运用，可以刺激右脑的思考功能。但在实际运用中，由于软件熟练程度或者绘画水平的限制，我们往往只能选择淡化形式，侧重内容

如果把创新看做爬山登高，那使用思维导图就如同准备运动，简捷但是必要；如果把创新看做扬帆出海，那使用思维导图就如同购置罗盘、海图，简便但是重要。创新是一个系统的工程，一切有利于工程更好开展的方法和工具，我们都可以大胆地、尽可能多地使用。创新有一套隐藏着的完整的密码，那么我们就要将整个密码体系无论是核心部分抑或是边缘部分，都尽可能地熟知和了解。只有这样，我们的创新之旅，才会更加顺畅和便利。

第 7 章

靠团队找到创新密码

不管一个人多么有才能，但是集体常常比他更聪明和更有力。

——奥斯特洛夫斯基

一、头脑风暴法

我们经常在各种场合听到“头脑风暴法”这个词。在电视剧里，商业精英们要完成什么大项目之前，都要一群人待在一间屋子里吵半天，最后吵完了，项目也就讨论好了。电视里是这么演的，现实其实也差不多。事实上，头脑风暴法不过就是一种思想碰撞的最直接简单但又作用显著的方法。头脑风暴法出自“头脑风暴”一词。所谓头脑风暴（Brain-storming）最早是精神病理学上的用语，指精神病患者的精神错乱状态，如今指无限制地自由联想和讨论，其目的在于产生新观念或激发创新设想。我们可以直接从字面上去理解，头脑风暴——在你的大脑里激起一场激烈的狂风暴雨，这表示你的思想要经历极其猛烈的碰撞和洗礼，那么新的想法与念头产生的几率当然就更大了。

从心理学上讲，在群体决策中，由于群体成员心理相互作用影响，易屈于权威或大多数人意见，形成所谓的“群体思维”。群体思维削弱了群体的批判精神和创造力，损害了决策的质量。为了保证群体决策的创造性，提高决策质量，管理上发展了一系列改善群体决策的方法，头脑风暴法是较为典型的一个。试想一下，假如你和你的领导一起开会讨论一个课题，对于领导提出的不合理的

建议，你是否没办法很干脆直接地否定，甚至有可能拐着弯地去肯定接受？这其实就是在群体决策中受权威或者大多数人意见影响的体现。群体决策追求的，是每个人都能平等公开地发表自己的意见，并且自己的意见都能得到讨论的机会。因此，头脑风暴法的最大作用就在于它创造并提供出了一个人人都有机会发表自己观点的空间，在这个空间里不同的想法和主意互相激烈碰撞，每一个想法中的有用之处都能被大家看到，从而得到利用。

案例：博鳌论坛推推动亚太区域发展

博鳌亚洲论坛，由25个亚洲国家和大洋洲的澳大利亚共同发起，于2001年起每年春季在海南海口博鳌镇举办一次。论坛为非官方、非营利性、定期、定址的国际组织，旨在为政府、企业及专家学者等提供一个共商经济、社会、环境及其他相关问题的高层对话平台。作为对该地区政府间合作组织的有益补充，博鳌亚洲论坛将为建设一个更加繁荣、稳定、和谐且与世界其他地区和平共处的新亚洲做出重要的贡献。每年，来自亚太的国家的领导人、专业学者和商业领袖齐聚博鳌，针对亚洲经济发展等许多具体问题进行多场讨论，其中不乏激烈的互相辩驳和争论。同一个课题，各方常有不同意见，大家各抒己见，试图说服改变对方，又不断接受对方观点给自己观点带来的补充和改变。论坛由于其开放、自由、平等的讨论对话环境，好评不断。博鳌论坛从2001年成功举办后，一直持续良好发展，申请加入的会员国也不断增加。参与论坛的各方代表虽然每次都会产生激烈的争论，但是又总能达成具有实际意义的一致意见。博鳌论坛有力地推动了亚太地区的经济发展和和平共处。

案例分析：

虽然官方没有人把博鳌论坛称为“头脑风暴”，但其实质就是一场亚太国家间的高级别头脑风暴。参加论坛的领导人、商业领袖和业界专家学者，针对不同问题展开讨论，畅所欲言；既要表达自己的想法，又要从对方的观点中吸取有用成分改善自身。通过观点的不断修正，最终各方在同一个问题上达成一致意见，为日后的发展提供有利条件。除了博鳌论坛，全球每年举办的经济、商业、政治和区域合作等论坛、研讨会不计其数。他们都是利用头脑风暴带来的思想碰撞和观点融合来推动事物发展。头脑风暴法到底有多好用，从这一点上就可见一斑了。

头脑风暴法的运用实例见表 7-1，同时，有 3 点需要注意。

表 7-1　头脑风暴应用实例

1	美国克林兰广告俱乐部召开头脑风暴会，讨论“改进广告形式提高歌剧卖座率”，现场收到124条设想，剧场领导人采用其中9条，剧院爆满
2	美国丹佛邮局召开12人智力激荡会，研究“如何节省劳动时间？”半小时收到121条设想。这些设想在其后6星期的实验中节省了1266个小时
3	日本电气公司运用智力激荡法，使该公司1975年获得58项专利，降低产品成本达210亿日元
4	中国机械冶金工会举办研讨班，运用智力激荡法讨论“未来的电风扇”，半小时内收到173条新设想，包括：带负离子电扇、驱蚊电扇、去潮湿电扇、吸尘电扇、太阳能电扇、衣服烘干电扇……

1. 不许评论

这是参加头脑风暴的人必须达成的第一点，也是最基础的一点共识。头脑风暴就是要让每个人的意见都能得到充分自由的表达。要通过头脑风暴得到有用意见的前提是，首先要能有大量的、发散性的意见存在。因此，每个人在发表自己观点的时候，其他人，无论地位或者身份，都不能有任何方式的打断或者质疑。

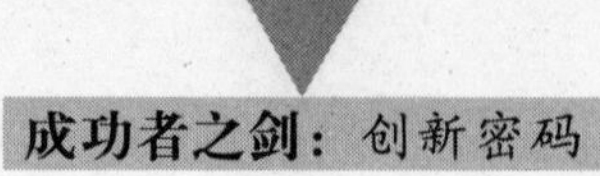

这一点看似简单，实际上我们在与其他人讨论事情时，打断或者被他人打断的情况是常常发生的。比如，讨论事情时，一定有对方话还没说完，就有人说“可是……”然后话题就转变成讨论这个还没表达充分的观点的弊端上了。这种情况在头脑风暴中是绝对不被允许的。头脑风暴必须建立在大家互相尊重，相信对方能发挥作用的基础上。

除了要得到对方的尊重，参与者自己也要尊重自己，要懂得自信，不卑不亢地说出自己的真实想法。这点其实也很难实现。现实中我们生活在一个有各种规矩条例的社会中，不知不觉中我们养成了自谦的习惯。比如，我们要谈论某件事情时，常常会用“我有个很不成熟的想法”、“我有个方法，但似乎作用不大”这样的开场白。这种礼节性的自谦语在头脑风暴中也应该摒除，因为头脑风暴要的就是直接干脆，想法可以猛烈地互相撞击。无论你是领导还是底层员工，无论你有 15 年从业经验还是刚入行，这些问题都不重要，重要的是你在头脑风暴中呈现的想法。

案例：善于听取意见的松下幸之助

日本松下企业是与索尼齐名的著名全球电气电子品牌，在激烈的国际市场变更中始终屹立不倒。这与其创始人松下幸之助在创业之初塑造的企业风格不无关系。松下幸之助为人最大的特点就在于他善于听取别人意见，如图 7-1 所示。

图 7-1 松下幸之助

他在世时，经常召集公司上下组织成员聚在一起，就公司运营的某些问题展开讨论。通常有公司最高领导在场的会议，都是领导发言，属下认真听。但是松下却不断鼓励大家畅所欲言，讲出自己的想法。对于下属给出的意见，他也从不立刻下结论做出判断。他经常问他的下属管理人员：“说说看，你对这件事是怎么考虑的？”“要是你干的话，你会怎么办？”一些年轻的管理人员开始还不怎么敢说，但当他们发现董事长非常尊重自己，认真地倾听自己的讲话，而且还不时拿笔记下自己的建议时，他们就开始认真发表自己的见解了。

他总是说：“不管谁的话，总有一两句是正确可取的。”正是因为松下幸之助的善听意见，才帮助松下集团能一直蒸蒸日上，即使松下逝世，松下王朝仍在延续。

案例分析：

尽管当时“头脑风暴”这个词语还未流行起来，但是松下幸之助召开公司会议讨论公司事项的做法，就是头脑风暴的一种方式。松下幸之助最聪明的地方并不是他的经营战略多么精准，而是他能在任何人面前都放下自己大老板的身份，平等主动地去聆听他人的想法，而且从不妄自评判。这种做法，让松下电器有了今天的辉煌。而松下幸之助不对他人随便评论，正是头脑风暴中我们需要坚持的。

2. 异想天开

有了不被打断的基础，接下来参与者们要做的就是畅所欲言了。头脑风暴对观点的发表是没有任何约束和限制的；相反，头脑风暴希望参与者的想法可以信马由缰，天马行空，简单说，就是“越不靠谱越好”。

由于每个人的阅历和认知水平不同，我们对于同一个观点往往会有不同的理解；人总是站在自己最舒服的角度去看问题。这就意味着，别人提出的观点，常常会令自己觉得“不可能”或者“无法接受”。但是一个人或者几个人无法接受某种观点，并不代表这种观点就不具备实现的可能性。在普通的讨论中，人常常在无形的群体压力之下，不自觉地改变自己与大多数人不同的看法。但大家都没有意识到，最珍贵的，往往就是这些极少数的意见。因此，头脑风暴的第二个原则就是支持异想天开，要懂得发散自己的思维，对于讨论的问题，敢于放开自己的思路。

案例：兰德公司的成功之道

兰德公司是当今美国乃至世界最负盛名的决策咨询机构，被誉为现代智囊的“大脑集中营”、“超级军事学院”，以及世界智囊团的开创者和代言人。作为一家咨询公司，兰德自然是以它层出不穷的“金点子”立足江湖。而其点子与想法源源不断的秘诀其实就在于通过头脑风暴法来挖掘群体的智慧。

兰德公司在建立之初就大手笔地招募了各行各业的专门人才，此后凡有大项目大客户，都必须动用到自己的人才队伍，大家群策群力，各司其职，对一个问题不断地深化讨论，即反复地“头脑风暴”，来得出最后的答案。兰德公司是将头脑风暴法贯彻到底的典型，也因为它对头脑风暴的坚持，才能成为全球的智囊代表。

图 7-2 兰德公司

兰德公司早期最著名的案例，便是他们在美苏争霸期间对苏联发射第一颗人造卫星时间的准确预测。当时兰德公司召集公司上下，大量搜集多方资料，不厌其烦地通过群体讨论进行论证，最后推断出苏联发射第一颗人造卫星的时间。兰德公司向美国五角大楼提出这个推断，但当时却有不少人认为这是无稽之谈，认为兰德这样一家没有名气的小公司却要来研究这么复杂的问题，答案必定是异想天开、不可相信的。但是兰德公司所推断的结果与实际发射时间仅差两周，这令五角大楼震惊不已。此后，兰德公司又对中美建交、古马导弹危机、美国经济大萧条和德国统一等重大事件进行了预测，当然还是有不少人认为兰德的预测都是异想天开。但这些准确的预测使兰德公司的名声如日中天，成为美国政界、军界的首席智囊机构。

案例分析：

头脑风暴的目的，就是集合群体智慧，使其在冲撞交融后产生全新而有价值的结论。既然是全新的，在之前一定没有被人发现，因此很多人会觉得这些想法不可信，甚至觉得是天方夜谭，异想天开。兰德公司通过头脑风暴得出了很多精确的推断，在这个过程中，包括美国五角大楼等权威机构都对他们的预测提出怀疑，但是回头看过去，这些当时被认为是异想天开的预测，其实都是对的。头脑风暴拒绝墨守成规，要的就是所谓的异想天开，因为只要敢想，天真的可能会开。

3. 越多越好

头脑风暴就是要集中众人的智慧，因此大家能想出来的观点自然是越多越好。因为如果十个点子里只能有一个好点子，那么要得到十个好点子就得至少有一百个点子做基础了。而且，有了更多的点子和想法，它们之间也才有可以互补互配的机会。

当然，越多越好的意思不是说任何想法都可以出现，哪怕那些完全不着边的言论。比如我们用头脑风暴来讨论“如何做蛋糕”，那么我们可以出现蛋糕的颜色、口味、造型、种类、原料，蛋糕制作的器材、工具，烤箱的温度等，但是我们不能放着与蛋糕有关的话题不说，而去讨论馒头的做法。这样的头脑风暴就属于偏题了，偏题的头脑风暴是无法得到我们想要的结果的。

案例：百家争鸣与雅典民主社会的繁荣

中国古代思想最繁荣的时期出现在 2000 多年前、战乱不断的春秋战国时期。当时，以孔子（图 7-3）为代表的儒家、以韩非子为代表的法家、以墨子为代表的墨家等诸多学派，就治国、战争、安邦等问题展开了旷日持久的争论。由于学派众多，史称“诸子百家”。诸子百家宣扬自家学派观点、提倡自己的治国理论。许多学派之间观点和理论存在巨大分歧，争论甚至争吵不可避免。但是在争吵中不同学派也得以吸收学习其他学派的优秀理论，进而完善自身。例如，儒家学派在思想内核中吸收了法家思想的核心；道家思想也与儒家思想紧密联系。各国君主对学派之间的争论从不制止，而是从争论中选择有利于自己的观点和思想作为自己治理国家的工具。在百家争鸣的推动下，中华文化得到了极大的提升和飞跃。

无独有偶，几乎是同一个历史时期，在雅典也出现了与百家争鸣相似的情况。当时雅典城邦街头出现了许多宣扬自己政治理论的学者，史称“智者”，如图 7-4 所示。他们积极主动地向外界表达自己的理念，而智者聚在一起必定要演讲与辩论，场面十分激烈。其中最有名的学者，就是后世无人不知的大哲学家苏格拉底。智者学派的激烈争论为雅典城邦的发展提供了许多有用的理论和方法，也推动了雅典的奴隶制民主走向了辉煌的巅峰。

图 7-3 孔子

图 7-4 雅典城邦智者

案例分析：

中国与希腊都是人类古老文明的发祥地。自然，在百家争鸣和雅典民主社会时期，不会有人提出头脑风暴的概念。但以现在的眼光来看，毫无疑问古中国和古雅典的先人们都是头脑风暴的践行者，他们相信思想必须通过交流交换才能得到提升和飞跃。因此他们从不会在乎有多少人与他们观点不一样。相反，他们要的就是这种不一样，而且多多益善，因为不同的观点越多，能学到的就会越多，能改进的空间就更大。

4. 试一下：未来的空调

以上我们谈了头脑风暴的几点原则，现在，我们不妨自己来亲身体验一下。随便提一个问题：未来的空调会是什么样子的？找几个朋友大家坐下来，花 5 分钟思考，然后开始轮流发言。说不定，未来的最高科技的空调，真的就在你们的讨论中诞生了呢。我们可以从造型、功能、人机互动等多种方面展开想象，不受限制，就和我们小学时写的作文一样。记住，每个人都要有机会发言，且发言不能被打断。讲话的内容越特别，越新奇越好，但是要与话题有关，要能扣住核心。照着这几个原则，一起来玩头脑风暴的游戏吧，如图 7–5 所示。

智能空调器

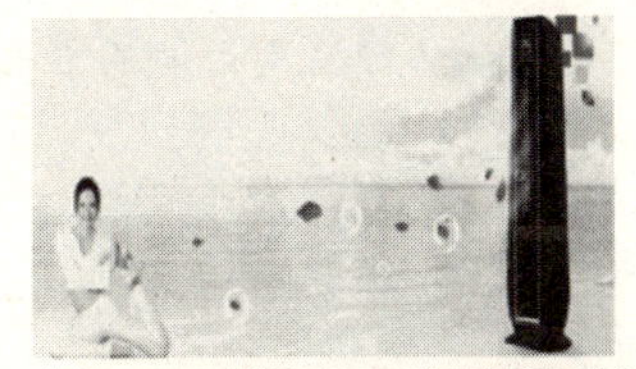

空调+PM2.5检测+PM2.5空气过滤+换气+Wi-Fi+收音机+音箱播放机+电视机+……

图 7-5　用头脑风暴想象未来的空调

案例：创意水冷式空调发明夺大奖

2014 年 7 月 19 日，由教育部自动化指导委员会主办的“发现能效高手”第一届台达杯两岸高校自动化设计大赛在苏州落幕。成都信息工程学院的“睿优绿能”团队以一套节能空调方案从来自两岸 48 所高校的 60 支团队中脱颖而出，获得特等奖。

“睿优绿能”团队的获奖项目叫作“新型节能空调系统方案”——像暖气片一样，用液体来给房间制冷或制热。这个点子，来自成都信息工程学院电子与通讯专业硕士研究生张成。

2014 年 3 月，张成跟几个同学到学校附近一家 KTV 聚会，大家忙着一展歌喉的时候，他却把注意力放到了房间的空气调节系统上：房间里分别有中央空调和新风两套系统，保证了房间的空气质量，但也消耗了更多能量。回去后，他开始琢磨怎样才能让二者兼得：在整栋建筑里像暖气一样用液体调节温度，降低能耗的同时，也避免空调送风对室内空气质量的影响。

按照这一思路，张成开始与他的团队展开了头脑风暴会，大家反复讨论和实验。团队做出了一套削峰填谷的节能空调系统。为了更好地展示设计，他们还专门做了一套1米多长、0.7米宽的空调模型：将一栋建筑简化为3个相互隔开的房间，底下是两个储备能量的蓄水池，顶上是一块太阳能集热板，每个房间都装有暖气片一样的装置和专门的控制器，外面还有一个中央控制器。“在夜晚用电低谷，充分利用以往被浪费的电能给蓄水池里的水制冷或制热，白天再将水运送到各个房间调节温度。中央控制器能随时监控各个房间的温度，根据需求量按需供给，辅以太阳能集热，能大大降低对电能的消耗。”张成这样向记者介绍这套系统的工作原理。

案例分析：

这位叫张成的学生当然很了不起，能发明出这么有创意的空调。但是别忘了这个奖项并不只是颁给他的，而是给他和他的团队。很明显，水冷式空调是在团队一次次头脑风暴的打磨下才最终实现的创意。所以，相信头脑风暴的力量，坚持在群体中找到智慧的闪光点，也许下一个大发明家，就是你。

在这里，我们总结了头脑风暴法的大致流程，如图7-6所示。

图7-6　头脑风暴法的简易流程图

二、六顶思考帽

上文我们讨论了一种在团队间很实用的产生新观点新点子的方法——头脑

风暴法。说白了，就是一群人大家畅所欲言，不停地说，在不断陈述观点的过程中，又不断有更好的新观点产生。但是因身份、阅历和认知角度的不同，往往也会造成互相理解上的困难，争执也常常发生。这种时候，另一个帮助我们思考问题的方法——六顶思考帽就显得十分有存在的必要了。

六顶思考帽是英国学者爱德华·德博诺（Edward de Bono）博士开发的一种思维训练模式，或者说是一个全面思考问题的模型。它提供了“平行思维”的工具，避免将时间浪费在互相争执上。强调的是“能够成为什么”，而非“本身是什么”，寻求一条向前发展的路，而不是争论谁对谁错。运用博德诺的六顶思考帽，将会使混乱的思考变得更清晰，使团体中无意义的争论变成集思广益的创造，使每个人变得富有创造性。这样解释六顶思考帽似乎很抽象，所以我们接下来从这个有趣又形象的名字来仔细讲讲这个特别的方法。

1. 帽帽有颜色

所谓六顶思考帽，依据是人大脑所具备的 6 种基本的思考功能，下面简要介绍一下这 6 种功能。

（1）思维过程的控制与组织。这是理性而严谨的过程，需要冷静地思考。冷静从颜色学上来讲是蓝色的。蓝色思考帽负责控制和调节思维过程，它负责控制各种思考帽的使用顺序，它规划和管理整个思考过程，并负责做出结论。

（2）情绪上的感觉与直觉。直觉是冲动的、直接的，从感官上就给人以火焰一样炙热的感受，因此戴上红色思考帽，人们可以表现自己的情绪，还可以表达直觉、感受、预感等方面的看法。

（3）客观中立的思考。白色代表着中立和客观，白墙壁、白衣服最大众最随和证明了这一点，因为白色的中立和客观，它可以出现在任何场合。戴上白色思考帽，人们思考的是关注客观的事实和数据。

（4）事物的负面因素的观察。想到事物的负面因素就是看到事物消极不好的一面，这一面当然是黑色的，不讨人喜欢的。戴上黑色思考帽，人们可以运用否定、怀疑、质疑的看法，合乎逻辑地进行批判，尽情发表负面的意见，找出逻辑上的错误。

（5）事物的正面因素的观察。而事物的正面因素总是积极乐观向上的，这种感觉在颜色上表达为黄色，充满朝气和活力。黄色代表价值与肯定。戴上黄色思考帽，人们从正面考虑问题，表达乐观的、满怀希望的、建设性的观点。

（6）创造性思想、创造性思想意味着新生，意味着从无到有，从弱小到蓬勃。这和植物的生长很像，一个主意、一种念头从土中萌芽而出，生根成长，最后带来价值。因此创造性思想是绿色的，绿色思考帽寓意创造力和想象力。它具有创造性思考、头脑风暴、求异思维等功能。

思维本身就是一件很复杂的事情，所以即使把功能罗列出来，我们依然不好理解。这时候，我们就可以用“六顶思考帽”这个比喻了。即我们将这 6 种功能比喻成六顶不同颜色的帽子，如图 7-7 所示。

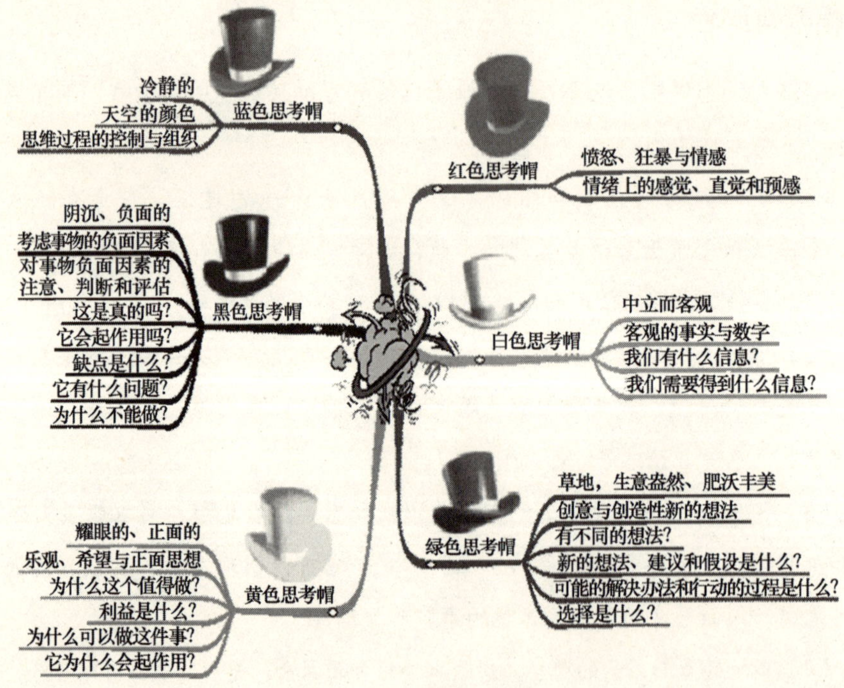

图 7-7　六顶思考帽

将颜色带来的直观感受与 6 种思维功能联系起来，是不是更好理解了？六顶思考帽的意义在于，它告诉我们讨论中争执产生的原因往往是因为我们没有戴上同一顶帽子。比如向一位女生推荐一道甜点，我们夸赞这道甜点多么美味；这时候我们戴上的是黄色的思考帽。但女生往往就会嫌弃甜点的高热量会带来体重增长——很明显，她思考问题时戴的是黑色的思考帽。于是，争执就产生了。所以，根据六顶思考帽，下一次与自己的团队讨论问题前，请大家要统一戴上某一种颜色的帽子。如果是要讨论某种产品的不足，那么就是黑色帽子；如果要客观地给某件事做出评价，请带上白色帽子。由此才能避免无谓争执的产生，才能让讨论更有效率。

案例：六顶思考帽在全球范围的广泛运用

全球最大的保险公司 Prudential（保德信）长期运用“六顶思考帽”，其总部的地毯就是用彩色的“六顶思考帽”图案编织而成。Prudential 保险公司运用德博诺的思维方法把传统的人寿保险投保人死亡后支付保险金改革为投保人被确诊为绝症时即可拿到保险金。这种方法目前已经被许多国家的保险公司效仿，被认为是人寿保险业 120 年来最重要的发明。

1996 年，欧洲最大的牛肉生产公司 ABM 公司由于疯牛病引起的恐慌一夜之间丧失了 80% 的收入。借助六顶思考帽，12 个人用 60 分钟想出了 30 个降低成本的方法和 35 个营销创意，将它们用黄色帽子和黑色帽子归类，筛选掉无用的后还剩下 25 个创意。靠着这 25 个创意，ABM 公司度过 6 星期没有收入的艰苦卓绝的日子。

挪威著名的石油集团 Statoil，曾经遇到一个石油装配问题，每天都要耗费 10 万美元。引进六顶思考帽以后，这个问题在 12 分钟内就得到了解决，每天 10 万美元的耗费降低为零。

案例分析：

以上我们只是列举了几个全球知名的企业利用六顶思考帽的例子。可以看出六顶思考帽在全球范围是很受推崇的。六顶思考帽绝不仅仅只是将思维功能进行比喻而已，而是提供了让思维能够避免冲突、高效产生创意的方法。因此我们需要重视并且努力掌握这种方法。

2. 帽帽有角色

每顶帽子颜色不同，代表的功能不同，它们能实现的作用也就不一样。

（1）**黑色思考帽。**黑色是逻辑上的否定，象征着谨慎、批评以及对于风险的评估，使用黑帽思维的主要目的有两个：发现缺点和做出评价。思考中有什么错误？这件事可能的结果是什么？黑帽思维有许多检查的功能，我们可以用它来检查证据、逻辑、可能性、影响、适用性和缺点。

思考的真谛：通过黑色思维也可以让你做出最佳决策；指出遇到的困难；对所有的问题给出合乎逻辑的理由；当用在黄色思维之后，它是一个强效有力的评估工具；在绿色思维之前使用黑色思维，可以提供改进和解决问题的方法。总而言之，黑帽子问的是“哪里有问题”。

角色：我们可以想象黑色帽子就像是一个严肃的大法官，它对呈现在面前的每件事都会进行严格的审问和考察，对每一个错误都不会放过。因为有了法官的存在，我们不敢随意犯错误，常常要自我检讨。这样想，是不是生动了许多？

（2）**白色思考帽。**白色是中立而客观的，代表信息、事实和数据。努力发现信息和增强信息基础是思维的关键部分，使用白帽思维时将注意力集中在平行的排列信息上，要牢记 3 个问题：我们现在有什么信息？我们还需要什么信息？我们怎么得到所需要的信息？这些信息的种类包括确凿的事实、需要验证的问题，也包括坊间的传闻以及个人的观点等。如果出现了意见不一致的情况，可以简单地将不同的观点平行排列在一起。如果说这个有冲突的问题尤其重要，也可以在稍后对它进行检验。

思考的真谛：白色思维可以帮助你做到像电脑那样提出事实和数据，用事实和数据支持一种观点，为某种观点搜寻事实和数据，信任事实和检验事实，处理两种观点提供的信息冲突，评估信息的相关性和准确性，区分事实和推论，明确弥补事实和推论两者差距所需的行为。

角色：白色的职业我们很容易联想到护士，白色帽子的角色和护士其实很相似。他们只管救死扶伤，判断你的病情和伤痛状况，然后对症下药。他们严格按照方法办事，同时保持中立客观，不会因为你的身份而改变立场。

（3）红色思考帽。红色的火焰，使人想到热烈与情绪，是对某种事或某种观点的预感、直觉和印象，它既不是事实也不是逻辑思考，它与不偏不倚的、客观的、不带感情色彩的白帽思维相反。红帽思维就像一面镜子，反射人们的一切感受。

思考的真谛：使用红色思维时无需给出证明，无需提出理由和根据。红色思维可以帮你做到：你的情感与直觉是什么样，你就怎么样将它们表达出来。在使用红帽思维时，将思考时间限制在 30 秒内就给出答案。红帽的问题是：我对此的感觉是什么？

角色：红色帽子就像个活泼乱跳的小孩，它只凭直觉办事，对于出现的事物，它的第一反应总是是什么？为什么？怎么做？它只讲述感受，直接而干脆。有这样一个小孩，我们不会忽略掉情感上的感受问题。

（4）黄色思考帽。黄色代表阳光和乐观，代表事物合乎逻辑性、积极性的一面；黄色思维追求的是利益和价值，是寻求解决问题的可能性。在使用黄色思维时，要时刻想到以下问题：有哪些积极因素？存在哪些有价值的方面？这个理念有没有什么特别吸引人的地方？这样可行吗？

思考的真谛：通过黄色思维的帮助，可以让我们做到深思熟虑，强化创造性方法和新的思维方向。当说明为什么一个主意是有价值的或者是可行的，必须给出理由。黄帽的问题是“优点是什么”或“利益是什么”。

角色：黄色帽子就像是个精明的商人，它在问题中来回逡巡，只为找到问题中最有价值的所在，因为它的任务就是发现价值，然后想方设法去把价值实现。

（5）**蓝色思考帽。**蓝色是天空的颜色，有纵观全局的气概。蓝色思维是“控制帽”，掌握思维过程本身，被视为“过程控制”；蓝色思维常在思维的开始、中间和结束时使用。我们能够用蓝帽来定义目的，制订思维计划，观察和做结论，决定下一步。使用蓝色思维时，要时刻想到下列问题：我们的议程是怎样的？我们下一步怎么办？我们现在使用的是哪一种帽子？我们怎样总结现有的讨论？我们的决定是什么？

思考的真谛：蓝色思维可以让你发挥思维促进者的作用，集中和再次集中思考，处理对特殊种类思考的需求，指出不合适的意见，按需要对思考进行总结；促进团队做出决策。用蓝帽提问的是“需要什么样的思维”、“下一步是什么”、“已经做了什么思维”。

角色：蓝色就像是个身穿蓝色工作服的工程师，它站在建筑工地之外，手拿施工地图，认真考量过程中的每一个环节，不放过任何细节，只为了能把过程完全控制在手中。既然是工程师，就需要冷静严谨地思考，不能有任何纰漏。

（6）**绿色思考帽。**绿色是有生命的颜色，是充满生机的，绿色思维不需要以逻辑性为基础，允许人们做出多种假设。使用绿色思维时，要时刻想到下列问题：我们还有其他方法来做这件事吗？我们还能做其他什么事情吗？有什么可能发生的事情吗？什么方法可以克服我们遇到的困难？绿色思维可以帮助寻求新方案和备选方案，修改和去除现存方法的错误，为创造力的尝试提供时间和空间。

角色：绿色帽子就好比一个园丁。它从无到有，从普通到出色地开垦土地，种植花草，把花园打理得漂亮好看。要做到这一点，这个园丁必须是有创造力和想象力的。

但要注意的是，六顶帽子颜色不同，角色不同，但并不是说在群体讨论中，每个人只能戴一顶帽子。相反，对任何事物、问题的思考，每个人都必须戴上这六顶帽子，这样才能全面到位地认识事物。六顶思考帽的作用在于，它提供了一种平行的思维方式，而并不是冲突性的思维方式，如表 7-2 所示。

表 7-2　回顾六顶思考帽

白帽	白色是中立而客观的，关注事实和数据
绿帽	绿色象征勃勃生机，寓意创造力和想象力，具有创造性思考、头脑网暴、求异思维等
黄帽	黄帽从正面考虑问题，表达乐面的、满怀希望的、建设性的观点
黑帽	黑帽持否定、怀疑、质疑的看法，合乎逻辑地进行批判，提出负面意见，找出逻辑上的错误
红帽	代表情感，表现自己的情绪，可表达直觉、感受、预感等方面的看法
蓝帽	蓝帽负责控制和调节思维过程，规划和管理整个思考过程，并负责做出结论

案例：日本麦当劳通过六顶思考帽取得成功

麦当劳在日本有超过 3500 家饭店，并保持着业绩的持续上升。麦当劳的成功部分原因应该归功于鲜为人知的职员培训。其中，六顶思考帽是麦当劳员工培训的最重要的课程。麦当劳的日本分部发现了几个关键的集中出现的问题，而这些问题，六顶思考帽都可以提供解决的办法，如图 7-8 所示。

图 7-8　麦当劳极其重视六顶思考帽

1）环境的改变，像 IT 发展和在商业系统的快速变化，需要职员具备跨行业工作的能力。

2）提高生产力，麦当劳高效部门政策认为这是必须的。

3）激烈的竞争，不仅来源于其他的快餐行业，也来源于高质高价的自助食品商店。

对于这些问题所带来的挑战需要改变人们的观念和工作类型。麦当劳将六顶思考帽作为推动创造力和改善会议质量和效率的一个方法——这是完成他们集体目标的关键因素。事实上，讲授六顶思考帽不到一年的时间，职员已经有以下效果。

1）会议的次数减少到25%；

2）因为减少了黑帽思维所占时间的比例，工作的文化氛围更加积极了；

3）因为每一个员工都能参与到各种类型的思考当中，这种开放的交流加强了。

案例分析：

麦当劳作为一家全球连锁的快餐店，能够在竞争激烈的全球市场中保持持续良好的态势，是有自己的道理的。麦当劳一直坚持自己的团队经营理念，每一家店都实行以店长为核心的店长培养制度，为的就是能够集中团队的智慧。而要集中团队的智慧，好的方法必不可少。日本的麦当劳就是看中了六顶思考帽能够带来集体讨论的流畅性和高效率，才积极引用，也因此取得了良好的效果。

3. 六帽的顺序与运用

在多数团队中，团队成员被迫接受团队既定的思维模式，限制了个人和团队的配合度，不能有效解决某些问题。运用六顶思考帽模型，团队成员不再局限于某一单一思维模式，而且思考帽代表的是角色分类，是一种思考要求，而不是代表扮演者本人。六顶思考帽代表的6种思维角色，几乎涵盖了思维的整个过程，既可以有效地支持个人的行为，也可以支持团体讨论中的互相激发。

一个典型的六顶思考帽团队在实际中的应用步骤，如图7-9所示。

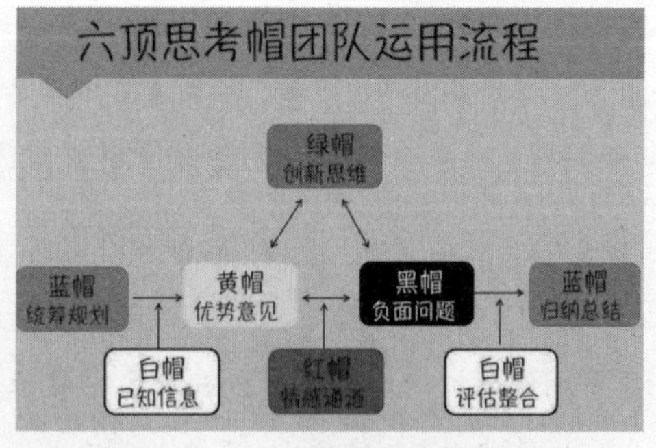

图7-9　六顶思考帽团队运用顺序

（1）陈述问题事实（白帽）。运用“白色思考帽”来思考、搜集各环节的信息，收取各个部门存在的问题，找到基础数据。

（2）提出解决问题的建议（绿帽）。戴上“绿色思考帽”，用创新的思维来考虑这些问题，不是一个人思考，而是各层次管理人员都用创新的思维去思考，大家提出各自解决问题的办法、好的建议、好的措施。也许这些方法不对，甚至无法实施。但是运用创新的思考方式就是要跳出一般的思考模式。

(3) 评估建议的优缺点：列举优点（黄帽），列举缺点（黑帽）。然后，分别戴上“黄色思考帽”和“黑色思考帽”，对所有的想法从“光明面”和“良性面”进行逐个分析，对每一种想法的危险性和隐患进行分析，找出最佳切合点。“黄色思考帽”和“黑色思考帽”这两种思考方法，就好像是孟子的性善论和性恶论，都能进行否决或肯定。

(4) 对各项选择方案进行直觉判断（红帽）。到了这个时候，再戴上“红色思考帽”，从经验、直觉上，对已经过滤的问题进行分析、筛选，做出决定。

(5) 总结陈述，得出方案（蓝帽）。在思考的过程中，还应随时运用“蓝色思考帽”，对思考的顺序进行调整和控制，甚至有时还要刹车。因为，观点可能是正确的，也可能会进入死胡同。所以，在整个思考过程中，应随时调换思考帽，进行不同角度的分析和讨论。

> 造就奇才的先决条件是大众的智慧。
>
> ——迪斯雷利

4. 给些建议

如何使用六顶思考帽，其实个人有个人的方式方法。但是在这里我们要重点提出的是对两顶帽子的充分使用。

建议一：充分发挥绿色帽子天马行空的特点

关于绿色帽子，我们可以发挥自己的想象，想象春天到来，万物复苏的场景，我们脑海中可以看到草地、树木、蔬菜和生长。很明显，绿色代表生机勃勃，绿色帽子是“活跃的”帽子。也正因如此，我们说绿色帽子是用来进行创造性思考的。事实上，绿色帽子包含了“创造性”一词本身的含义。创造性思考意味着带来某种事物或者催生某种事物，它与建设性思考相似。绿色帽子关注的是建议和提议。而且，创造性思考意味着新的创意、新的选择、新的解决方案、新的发明。这里的重点在于“新”。因此，当我们运用六顶思考帽时，轮到绿色帽子时，就要明白戴上绿色帽子就必须提出建议。当你被要求戴上绿色帽子的时候，你就要提建议、出主意。这是一种积极主动的思考，而不是仅仅对事物做出被动反应。

案例：凤尾裙与无跟袜

某时装店的经理不小心将一条高档呢裙烧了一个洞，其身价一落千丈。如果用织补法补救，也只是蒙混过关，欺骗顾客。这位经理突发奇想，干脆在小洞的周围又挖了许多小洞，并精于修饰，将其命名为“凤尾裙”。一下子，“凤尾裙”销路顿开，该时装商店也出了名。逆向思维带来了可观的经济效益。无跟袜的诞生与“凤尾裙”异曲同工。因为袜跟容易破，一破就毁了一双袜子，商家运用逆向思维，试制成功无跟袜，创造了非常良好的商机，如图 7-10 所示。

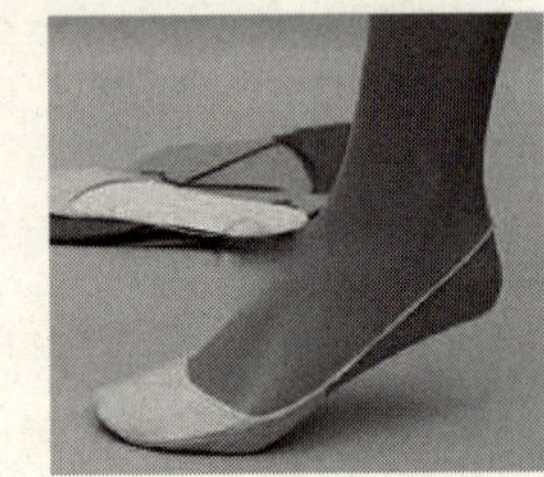

图 7-10　无跟袜

案例分析：

乍一看似乎这位经理的灵机一动与六顶帽子没有什么关系，这不过是他为了弥补损失而用的小聪明。但是小聪明有大智慧，不管有意无意，这位经理在创造凤尾裙的过程中就使用了六顶思考帽，而且重点就在绿色帽子。

其思考过程大体可分解如表 7–3 所示。

表 7-3　使用六顶思考帽创造凤尾裙

白色思考帽	提出、分析问题：裙子破损、无法正常售出
绿色思考帽	寻找方法：利用破洞做文章，创造新的裙子款式
黄色思考帽	分析方法的优点：裙子设计新颖独特，且能掩盖裙子的破洞
黑色思考帽	分析方法的缺点：有可能失误，存在风险
红色思考帽	直觉判断：虽然有风险，但可行性较高
蓝色思考帽	做出决策：实施方法，做出新裙子

如上所述，这位经理在创造凤尾裙的过程中依次戴上六顶思考帽，最终有

惊无险解决问题。无跟袜的创造过程也大致如此，在这里不多赘述。回顾案例我们发现，凤尾裙被创造出的过程中，绿色帽子无疑是最关键的。因为只有绿色帽子发挥创造性提出了解决办法，接下来的其他帽子才有被戴上的必要。因此，运用六顶思考帽，要重视绿色思考帽的作用，发挥其天马行空、无拘无束的特点，多个角度思考解决办法，惊喜往往能不期而遇。

建议二：切勿过度发挥蓝色帽子的总结作用

接下来讲讲蓝色帽子。我们最常见的蓝色自然是蓝天了。天空高高在上，如果你飞翔在天空，就可以俯瞰一切事物。戴上蓝色帽子就意味着超越于思考过程：你正在俯瞰整个思考过程。蓝色帽子是对思考的思考。蓝色帽子意味着对思考过程的回顾和总结。它控制着思考过程。蓝色帽子就像是乐队的指挥一样。戴上其他五顶帽子，我们都是对事物本身进行思考，但是戴上蓝色帽子，我们就是对思考本身进行思考了。蓝色帽子包含以下几点：（1）我们到了哪里？（2）下一步是什么？（3）思考的程序；（4）总结；（5）观察和评论。戴上蓝色帽子的人会从思考过程中退出来，以便监督和观察整个思考过程。

因此，这里就有必要提到蓝色帽子的错误用法。这种错误用法就是对蓝色帽子的过多使用。蓝色帽子讲究对过程的控制和总结，那么假设我们在讨论一个问题，但是每讨论五分钟就会有人提出要进行一次总结反思，这样的讨论是无法持续进行下去的。在实践中，其实有很多人已经在运用蓝色思考帽，只不过他们不直接这么说罢了。但是，明确地把它说出来会更有效。应该避免滥用蓝色帽子，如果每隔几分钟就中止会议做一个蓝色帽子评论，很容易惹恼大家，偶尔使用会更加有效。

案例：6 个问题提高自身能力

一位主持人在一次采访结束后向一位学者请教，如何提高自己的主持水平。学者利用六顶思考帽的方法，只问了主持人 6 个问题，就让主持人得到了答案。问题大致如下。

1）你能做一个简单的自我评价吗？你这次主持自我感觉如何？（红帽思维）

2）你能举些例子，或者数据来证明你的感觉是对的吗？试举出 3 个好吗？

（白帽思维）

3）你觉得这次主持，对你个人来说产生了什么样积极的因素（好处），对你有哪些帮助？同时，你觉得表现好的地方在哪里，换句话说，哪些地方是可以传承和发扬的？（黄帽思维）

4）同样，你觉得还有哪些地方是欠妥的，或者说是需要改进的？你不妨好好回忆一下！（黑帽思维）

5）那以上问题如何来改进呢？你有什么好的方法吗？（绿帽思维）

6）如果时光可以倒流，这个培训可以重来的话，你认为如何做才能够做得更好？（蓝帽思维）

仅仅通过这6个问题，这位主持人就在自己的回答中找到了自己存在的不足，并寻找到了解决方法。六顶思考帽的神奇之处不得不让人称奇。

案例分析：

这个案例典型地反映了蓝色思考帽的地位和作用。我们看到学者对主持人的问题是经过精细设计的，在对问题的各个方面都有了思考后才要求主持人戴上蓝色思考帽，从而达到一种自我反馈的效果。这种做法就是对蓝色思考帽的适度使用。假如一开始还没有任何思考就急于戴上蓝色思考帽，要做全程回顾，就必然没有这种效果。

这一章我们介绍了依靠团队进行思考的两种方法：头脑风暴法和六顶思考帽法。前者是希望大家能重视团队的力量，正所谓“三个臭皮匠赛过诸葛亮”，众人拾柴火焰高，只有集中团队的智慧，创新才更有可能。后者则是提供了一种让群体智慧可以顺利巧妙地结合交汇的方法，它的重点在于思考的有序性和条理性。它要求我们在思考问题时戴上相同的帽子，这样才能有序高效地讨论。总结起来，就是思维需要碰撞，但是应该是有序地碰撞。我们在创新的道路上，要懂得珍惜重视群体的力量，学会运用这两种方法，在集体的智慧中找到创新的灵感火花。

第 8 章
创新一下，效果不一样

如果你要成功，你应该朝新的道路前进，不要跟随被踩烂了的成功之路。

——约翰 ·D. 洛克菲勒

纸上得来终觉浅，绝知此事要躬行。解决问题是创新的应有之义，创新涉及人们的思想、观念和行为等各个方面，对于创新现象、创新思维、方法的分析、思考，最终都是要落实到具体的运用中的，解决问题是创新的重要归宿，否则创新就成了空谈。

一、解决问题，你还是老方法吗

现在的你，解决问题会想用老方法，还是会想到在老方法的基础上有所创新呢？很多人喜欢用老方法解决问题，有些有惰性作祟之嫌；有些则因为害怕承担风险，害怕失败，思想保守；有些是因为自以为是，然后成为大家口中的“老古董”和“老顽固”。然而在解决问题的时候，是否想过需要有所创新，用创新方法解决问题会产生创意的思维活动，是对创新思维活动规律的一种认识。这种认识可以让我们在创新解决问题过程中，学习到不同的知识，激发新的创意和洞见。结合自身的“顿悟”和“灵感”，你会发现这样解决问题的效果会不一样，或许会有意想不到的结果出现。

在平时的工作生活中，我们可以用双眼、双耳、双手去捕捉周围的信息，去发现创意，进而想到解决问题的新方法。创新恰恰就是这样在发挥着作用，如果固守传统的方式方法，我们往往会成为问题的牺牲品，而不是问题的解决者。

1. 怎样才算是创新解决问题

创新解决问题，需要满足 3 方面的要求。

运动性。很多企业和个人曾经使用创新方法取得了成功，但是之后却停留于固有的方法和模式，最后依然被社会淘汰。由此可见，即便是使用了创新的方法，也并非可以一劳永逸，曾经的创新，随着社会环境的变化，也会变成落后的方法。因此，创新解决问题，必须要不断自我革命，与时俱进，保持方法体系稳定性与运动性的统一，稳中有变。例如，美国的王安电脑，曾经是技术创新与企业创新的标杆，受到企业界和政界的高度肯定，但是面对不断变化的市场环境，曾经的创新演变成守旧，王安电脑最终也免不了破产的命运。

综合性。一个问题的解决，往往不是使用一种或者少数几种方法就可以完全得到解决的，更多的是各种创新方法的综合运用形成新的方法体系，才能真正衍生出适合要求的新事物。例如等离子屏幕的发明体现了组合法，将各种相关技术的组合，又体现了和田十二法，是在原来液晶屏的构造和外观基础上的改造和完善，同时也有模拟法、求异法等多种方法的影子，最终创造出新的产品。

体系性。创新解决问题，不是简单的方法套用，不是随意的灵感火花就能完成的，而必须是经过特定的步骤，程序化、规范化，才能将构想变成产品，将大脑中的东西落实到现实中来。关于解决问题的步骤，目前有多种不同的论述，各种论述各有特点，但是无论哪一种理论，其本质抽象出来，无非是分为以下 4 步：**发掘问题—分析问题—提出创新方案—执行方案。**这 4 个步骤是解决问题无法跨越的阶段，任何一个步骤的缺失，都会导致问题无法得到最佳的解决。这部分的介绍和学习我们在下一节详细展开。

2. 难创新的若干表现

在经济发展竞争如此激烈的情形下，民企老板和职业经理人在大谈企业创新问题的解决和变革的同时，却往往出现雷声大雨点小的现象，最后一切流于空谈。

（1）思维局限导致无法创新

在本书第 2 章里面，我们学习了惯性思维、从众思维、迷信思维、谨慎思维等一系列不利于创新的思维模式，具体到问题的解决中，这些思维依然在发挥着负面的作用。很多企业是事先定好一个企业创新经营和发展的目标，然后按照传统的模式使企业小幅度、多阶段、渐进式增长，按顺序考虑实现目标的手段和方法。当企业在顺境时，这种确定目标的方法倒无可厚非，一旦环境发生变化，目标便束之高阁，于是乎，又诞生了一句话，叫“计划赶不上变化”。习惯于传统思维者在确立企业发展方向与目标时，易受到现有条件的限制，常说“做不到”，认为企业有多少钱就做多大事或不熟不做。结果商机到来时，要么视而不见或不敢去争取，总与机遇无缘。

（2）行动乏力导致创新不足

拥有创新意识，只是创新的第一步，但是要把创新落到实处，更重要的是保证执行力的提高。曾经的柯达公司在影像拍摄、分享、输出和显示领域一直处于世界领先地位，100 多年来帮助无数的人留住美好回忆、交流重要信息以及享受娱乐时光。但信息时代的来临使柯达承受数字成像技术对传统成像技术巨大冲击的挑战。这场技术革命宣告胶卷行业进入濒死状态。

其实柯达嗅到了市场发出的信息，在数码影像产品蜂拥而至后，也开发了数码相机，但是陶醉于胶片业务的巨大利润，柯达的转型显得沉痛而缓慢。在富士胶片、柯尼卡美能达等竞争对手纷纷抛弃胶卷相机，迎接“数码消费”时代的到来时，柯达公司依然留恋于传统胶片市场，拒绝突破变革。在错失转型的最佳时机后，柯达以宣布破产告终，如图 8-1 所示。

（3）重视创新方法，忽视创新能力

创新的方法有很多种，我们可以通过学习逐步认识和了解，但是这些方法最终是要通过不断地实践才能上升为创新能力。解决创新问题，不是赵括马谡之流的“理论家”能够完成的，而需要依靠具备创新能力的实干型人才。创新能力犹如彼岸伊人，在水一方，只有实践的小船能沟通往来。如果不具备创新的能力，就只能被动接受任务勉为其难应付了事，面对各种创新难题，只能望洋兴叹。

图 8-1 柯达公司破产

二、解决问题的步骤：步步为营

解决问题的步骤，我们可以划分如下：**发掘问题—分析问题—提出创新方案—执行。**

发掘问题，是解决问题的前提，在现实生活中，很多人清楚自己遭遇了困难，并且在想办法解决，但却“老虎吃天，无从下手”，主要原因就在于其实他第一步就没做好，因为他根本不清楚他所要解决的问题到底是什么，懵懵懂懂、浑浑噩噩的，解决问题自然就无从谈起。另外一类人，根本不具备问题意识，他不会去主动发现问题，只会被动地等待困难把自己打败，或者片面地逃避困难。因此，要成为创新人才，必须首先学会确定问题。

分析问题，是解决问题的必要环节。如果对问题没有经过完整的、全面的、深入的分析，那么相对应的，所能提出的解决方案必然是零碎的、片面的、肤浅的。

提出创新方案，是解决问题的关键环节。没有创新方案，就如同不会下蛋的母鸡，哪怕前期工作做得花团锦簇，也是徒劳枉然。

执行创新方案，是解决问题的最后归宿。任何的方案，如果没有强有力的执行，它的价值都会大打折扣。

1. 发掘问题

正如一场战争，你要取得胜利，至少要先知道对手是谁。

发掘问题，就是要明确你的对手，发现它，然后定位它。与一般解决问题所不同的是，创新解决问题，从一开始就是与众不同的。在这一步骤里，体现出来四大特征，区别于传统解决问题的流程。表 8-1 是发掘问题的四大特征。

表 8-1 发掘问题的四大特征

主动性：细致观察、独立思考是发现问题的利器
强调主动地去发现和思考，要有一双敏锐的眼睛去捕捉周围的信息，去发现问题，进而才能顺利地解决问题，不提倡被动接受问题
跳出常规发掘问题
“常规”是指事物的一般规律。遵循常规就是遵循一般规律。但是，事物中除了存在一般规律，还有特殊性。要善于把握特殊性
变换思考角度发掘问题
有些问题，如果仅仅站在原来的角度上来看则不是问题，或者没有问题，而站在新的角度上来看，则可以发现问题
界定真问题
只有正确地界定了问题，才能找准我们应该瞄准的“靶子”，后面的几个步骤才能正确地去执行，否则找不准靶子，就可能劳而无获，甚至南辕北辙

2. 分析问题

分析问题，需要体现创新解决问题的体系性特征，也就是说，要通过特定的方法或者方法体系来进行。以下我们介绍几种常用的问题分析方法。

（1）四要素法

所谓四要素法，是指通过对问题的主体、原因、条件和效果 4 个关键要素进行分析，从而系统把握问题核心的方法，如表 8-2 所示。

表 8-2　分析问题的四要素法

主体分析	谁出现问题？谁来解决问题？解决问题涉及到谁？
原因（背景）分析	为什么会出现这样的问题？为什么需要解决这样的问题？
条件分析	现有的物质条件有哪些？可能创造的物质条件有哪些？
效果预测	问题需要解决到什么程度？可以解决到什么程度？

按照以上 4 个要素逐一分析，就可以对问题的面貌做出主要了解和判断，然后才能根据对元素的分析结果提出下一步的创新方案。

（2） 5why 法

5why 法，也被称作五回分析法，也就是通过一定的链条不断深入提问，从而了解事物面貌的方法。它是一种诊断性技术，被用来识别和说明因果关系链，它的根源会引起恰当的定义问题。不断提问“为什么前一个事件会发生”，直到回答“没有好的理由”或直到一个新的故障模式被发现时才停止提问。解释根本原因以防止问题重演。所有带有“为什么”的语句都会定义真正的根源。

案例：丰田汽车的 5why 法

丰田汽车公司（图 8-2）总经理大野耐一强调，要真正解决问题必须找出问题的根本原因。造成问题的根本原因是什么呢？答案必须靠更深入的挖掘。先问第一个“为什么”，获得答案后，再问为何会发生，依次类推，问 5 次“为什么”。

图 8-2　丰田标志与汽车

如果我是生产主管，我会这样来问“5 个为什么”。

问现场的工人：为什么这过道上有这么一块厚纸皮？

工人答：地上有一大片油。

再问：为什么过道上会有一大片油？

工人答：刚才在用叉车搬运机搬部件时发生了侧翻，机油泄漏了。

三问：为什么叉车会发生侧翻？

工人答：叉车有故障。

四问：为什么叉车的故障没有及时发现？

工人答：前几天已经发现有故障，而且第一时间通知了叉车的供应商。

最后问：那为什么还会因为故障引发叉车侧翻？

工人答：已经催促厂商或供应商5次了，让他们来诊断维修，但却没有维修人员来修复。

案例分析：

问完这5个为什么以后，就可以得出是叉车质量出了问题，是由于叉车的供应商售后服务做得并不到位，这自然就会影响生产效益。作为生产主管，应该立即向设备采购等相关部门报告，并行使生产主管对生产设备的一票否决权。在生产车间，解决实际问题时经常会用到5why分析法，对问题的起因进行初步的分析。问题是在哪里发现的？这将引领疑问者追根溯源，接近问题的最根本原因。随后，通过5why细节分析法就可以找到结果。

（3）鱼骨图法（表8-3）

表8-3　鱼骨图法

定义	鱼骨法是咨询人员进行因果分析时经常采用的一种方法，其特点是简捷实用，比较直观 鱼骨图是一个非定量的工具，它可以帮助我们找出引起问题（最终问题陈述所描述的问题）潜在的根本原因

（续表）

三种类型	1）整理问题型鱼骨图：各要素与特性值间不存在原因关系，而是构成结构关系 2）原因型鱼骨图：鱼头在右，特性值通常以“为什么……”来写 3）对策型鱼骨图：鱼头在左，特性值通常以“如何提高或改善……”来写
使用步骤	1）把“为什么问题（最终问题陈述所描述的问题）会发生”作为鱼头 A. 传统上的主分支 a. 人员　b. 机器　c. 方法　d. 物料　e. 环境 B. 使用主要的流程步骤 C. 头脑风暴法 2）对于每一个主分支问5次“为什么”找出潜在的根本原因使鱼骨丰润起来 3）继续挖掘鱼骨图分支直到得到可验证的、特定的、可对之采取行动的根本原因为止，同时用圆圈把它圈起来，避免如下这些非特定的原因：缺乏培训、沟通不良、紧急

案例：炼油厂的营销问题鱼骨图

以某炼油厂情况作为实例，采用鱼骨图分析法（图 8–3）对其市场营销问题进行解析。

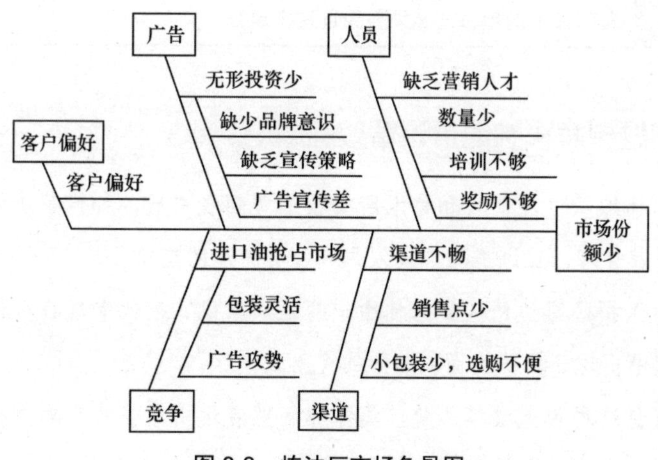

图 8-3　炼油厂市场鱼骨图

案例分析：

“鱼头”表示需要解决的问题，即该炼油厂产品在市场中所占份额少。根据现场调查，可以把产生该炼油厂市场营销问题的原因概括为5类。即人员、渠道、广告、竞争和其他。在每一类中包括若干造成这些原因的可能因素，如营销人员数量少、销售点少、缺少宣传策略、进口油广告攻势等。将5类原因及其相关因素分别以鱼骨分布态势展开，形成鱼骨分析图，就可以对产品市场份额减少做出一个分析和判断，为下一步提出创新方案做好必要准备。

（4）麦肯锡问题树（表8-4）

表8-4　麦肯锡问题树

定义	麦肯锡问题树，是系统分析问题存在形态的一种方法。在问题树分析过程中，自上而下，依次分层分析出问题的根源后，标志着问题树完成
功能和适用范围	主要用于检验问题树分析的上下层面是否符合逻辑，是否存在原因—结果的关系。帮助分析实现上一层目标的外部限制因素，为准备逻辑框架奠定基础。主要适用于项目的设计阶段，而且针对那些使用逻辑框架开发和管理的项目，必须要经过这个步骤

案例：问题树解决林地资源管理问题

在集体林地承包经营权和林木所有权落实到农户后，如何解决好林木的采伐利用与经营管理，日渐成为广大农户和社会关注的焦点。

某自然保护区周边社区集体林由于超限额采伐、采伐制度许可证制度僵化等问题，逐渐出现了集体林面积萎缩的现象。

为了避免这种现象继续恶化，集体林管理者运用了麦肯锡对策树的创新方法，对社区集体林面积不断缩小的原因进行分析。如图8-4所示。

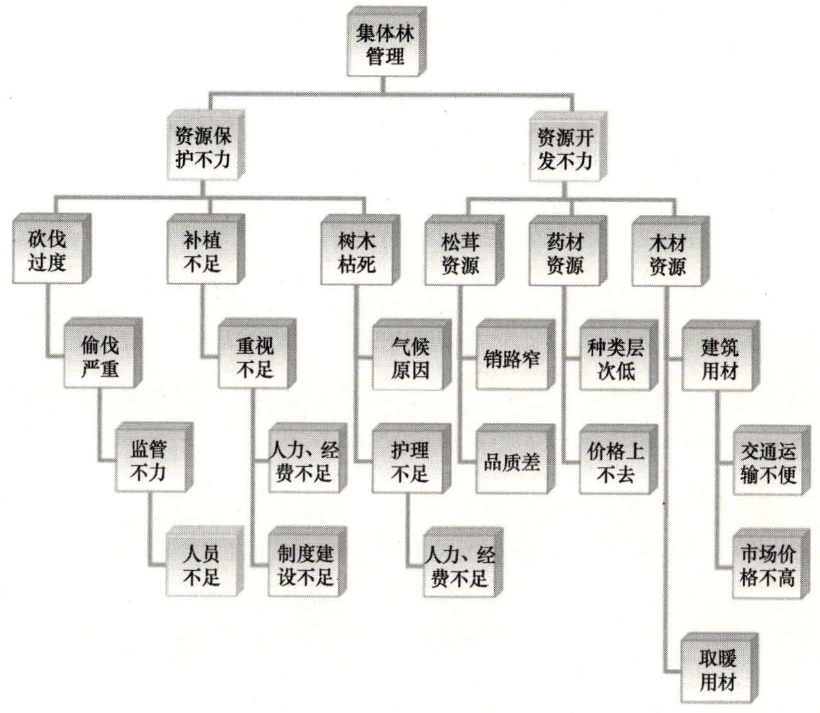

图 8-4　林地资源管理问题树

案例分析：

立足于集体林资源管理这个问题，从资源保护不力和资源开发不力两个方面分析其现状，再进一步对这两个方面进行发散、深入延伸，层层架起树枝，得出目前管理中存在的问题，从而有针对性地提出解决方案。

3. 提出创新方案

创新解决问题，体现在解决问题的每一个步骤中，形成一个完整的创新体系。其中，创新方案的提出是最关键的一环。在前面的章节中，我们学习了很多的创新方法，例如类比法、组合法、求异法、微创新法、逆向反转法、和田十二法以及思维导图法等，这些方法在创新方案的构建中将会发挥重要作用。

4. 几个案例

具体的使用方法，可以参看下面的案例分析思路。

（1）降落裙的发明

小时候，很多人都有一个像鸟儿那样在空中翱翔的梦想，但是在长大以后还一直追逐这个梦想的人就不多了，但是，美国矿工班尼克偏偏是这为数不多的一个。20 世纪初，出身贫寒的班尼克还只是一个在美国挖矿的工人，但是他却一直向往着可以当一名空军飞行员——当然以他的条件注定无法达成。如何让自己能够美梦成真呢？班尼克决定依靠自己的力量“飞起来”。他自己设计了一个名为“降落裙”的装备，并公开展示了它的效果。

案例：从梦想出发：降落裙的发明

1914 年 6 月 3 日，矿工班尼克穿着他自己发明的降落裙，在华盛顿的一座楼顶跳下。在空中飘荡了一段时间之后，班尼克安全地降落到地面上，他的发明是成功的。这次的降落也引起了美军的注意，他把专利给了美国陆军，他获得的不是金钱，而是美国航空兵部队的终身成员。他的发明可以使军人在空中安全着陆，解决了他们第一次世界大战失去大量军员的问题。美国军队再对他的降落裙进行改进，造出了现代意义上的降落伞，如图 8-5 所示。

图 8-5　班尼克的降落裙

从梦想出发，其实就是从问题出发，班尼克所要解决的问题，就是如何让自己“飞”起来。但是作为一名矿工，他没有条件使用飞机，因此他只能另辟蹊径。确定了他要解决的问题之后，他还要做出分析和判断，那是不是他所能解决的问题，显然他选择的问题是一个难度很大的题目，这个题目甚至困扰到强大的美国军队。但可贵的是，班尼克对问题的难度做出了正确的判断，并且朝着既定的方向发明了降落伞的雏形——降落裙。他自己也因此真正实现了翱翔天际的梦想。

案例分析：

按照创新解决问题的步骤，班尼克发明降落裙，也体现了创新的四大环节。首先是创新性地发掘问题，班尼克长期主动观察和思考，甚至把问题升级为梦想追求，从而确定了自己所要解决的问题——如何飞翔于天际。这一个课题我们将其归结为创新问题，是合理的。因为在当时的技术条件来看，人类的活动空间更多地还是局限在陆地和海洋表层，尽管出现了结构相对简单的飞机，但那不是一般人可以涉足的领域。班尼克的飞翔梦想，既体现了主动性，也体现了特殊性。然后，班尼克对自己所要解决的问题进行了分析，如表 8-5 所示。

表 8-5　班尼克梦想的四要素分析

主体分析	谁出现问题？谁来解决问题？ 解决问题涉及谁？	自己、一名矿工
原因（背景）分析	为什么会出现这样的问题？ 为什么需要解决这样的问题？	原因：个人想要实现飞翔的梦想 背景：飞行技术已经开始发展
条件分析	现有的物质条件有哪些？ 可能创造的物质条件有哪些？	个人制造技能 简单的工具
效果预测	问题需要解决到什么程度？ 可以解决到什么程度？	让人飞起来 可以低空、短途飞翔

通过简单的四要素分析，班尼克可以大致了解自己面临的是一个什么样的局面。于是紧接下来，他所要做的，是提出一个合理的创新方案，面对自身条件的不足，他经过思考，选择的是创新方法体系中的逆向反转法。如果从正常的思路出发，他所要谋求的效果是让自己从地面飞上去，但是那样的难度太大，于是他反过来，让自己从半空中掉下来，同样也可以体验空中飞翔的感觉。紧接着他利用空气浮力原理创造了降落裙。最后把产品从构思变成现实，再进行实地检验。另外，从四要素法分析出来的结果，班尼克也有可能会通过其他的创新思路发明另一种飞翔工具：滑翔机。可见，由于创新方法选择的不同和具体客观条件的不同，其创新成果也会有所区别。

（2）雀巢的自我改良

雀巢公司是世界最大的食品制造商，拥有147年历史。雀巢公司起源于瑞士，最初是以生产婴儿食品起家。现在主要产品为速溶咖啡、炼乳、奶粉、婴儿食品、奶酪、巧克力制品、糖果、速饮茶等数十种。没有任何一家公司像雀巢公司在研发领域内投入了这么大的人力与财力资源，开发出了很多种独特的食品，为自己始终居于行业领先地位奠定了牢固的基础。

案例：雀巢——微创新奠定领先地位

今天雀巢公司能够在规模和市场价值上成为世界上最大的食品集团，在食品研发领域内也是全球的“领头羊”，源于持续的改良创新，如图8-6所示。

雀巢把创新解释为创造新的产品和工艺，改良则是不断改善产品和技术。当企业遇到发展瓶颈时，创新问题的解决对于一个企业来说是最重要的，但也是最难的，需要有强大的研发机构来支持。正因为雀巢公司在面临市场份额被逐渐侵蚀时采取了新型的包装理念，从而巩固了行业领导者的地位。

例如，雀巢公司将浓缩牛奶灌装到配有一个清洁、可调节阀门的可挤压塑料瓶中。尽管增加了额外的包装成本，提高了售价，但增加了15%的销售量，

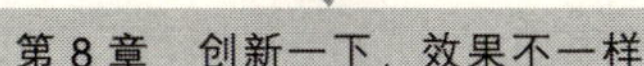

给雀巢带来了更多的利益。雀巢公司因包装创新的胜利而成为行业的领先者，进一步巩固了在大众消费者心中的品牌形象。

图 8-6　雀巢的产品

案例分析：

对于雀巢来说，由于旗下产品众多、人员队伍庞大，要发现问题，界定真问题，是一个难点，如何在纷繁复杂的众多问题中找到关键问题，是体现创新的重要内容。找到了问题的关键所在，才能让创新行为事半功倍。而雀巢所要解决的，不是某一个具体的问题，而是如何保持自身发展的运动性，保持产品体系与社会需求相一致，从而保持自身的行业领先地位。在确定问题之后，下一步是对问题进行分析，我们可以尝试使用鱼骨法。如图 8-7 所示。

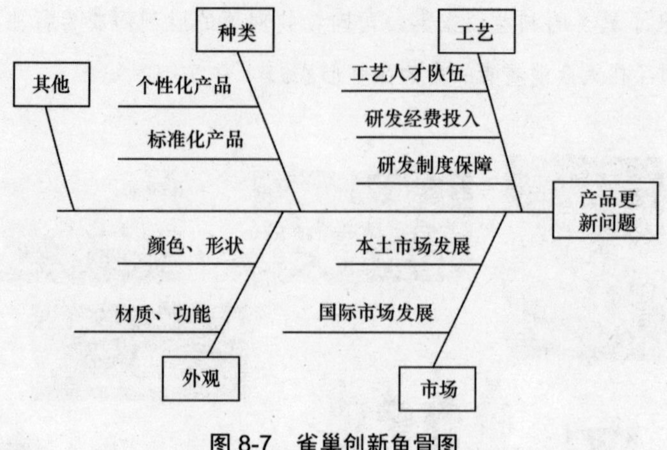

图 8-7 雀巢创新鱼骨图

通过鱼骨图分析，可以从工艺、种类、外观、市场等几个方面对企业产品进行问题查找与分析，再针对这几个方面的具体问题，提出创新的改良方法。在具体的方法选择中，由于现有产品依然在市场中占据着比较大的份额，所以不适宜采用过大的革新动作。于是，采用微创新方法是最优的方案。通过人力、经费、制度等多方面的支持，不断提高企业工艺水平，完善产品种类体系，改进产品外观和拓展内外市场，从而保持企业产品发展的运动性，并把整个方案落实到位，这样的过程维持了企业发展的稳定性并降低了创新的风险，同样也是创新解决问题的体现。

（3）信用卡携带难

随着信用消费的不断深入发展，银行信用卡跟我们的生活关系越来越密切。各大银行为了扩大业务份额，开发了各种各样不同类别、不同层次的信用卡，使得人们手中的信用卡越来越多，尤其是一些作为优质客户的商务人士，他们的钱包鼓鼓，但是里面装的不是现金，而是一大堆卡片。

发明使用信用卡的初衷，在于减轻人们携带现金的不便，但是逐渐人们发现，信用卡的滥发，也同样重复了携带现金的尴尬。

案例：信用卡携带的创新方案

对信用卡携带的问题，可以使用麦肯锡问题树进行分析，如图 8-8 所示。

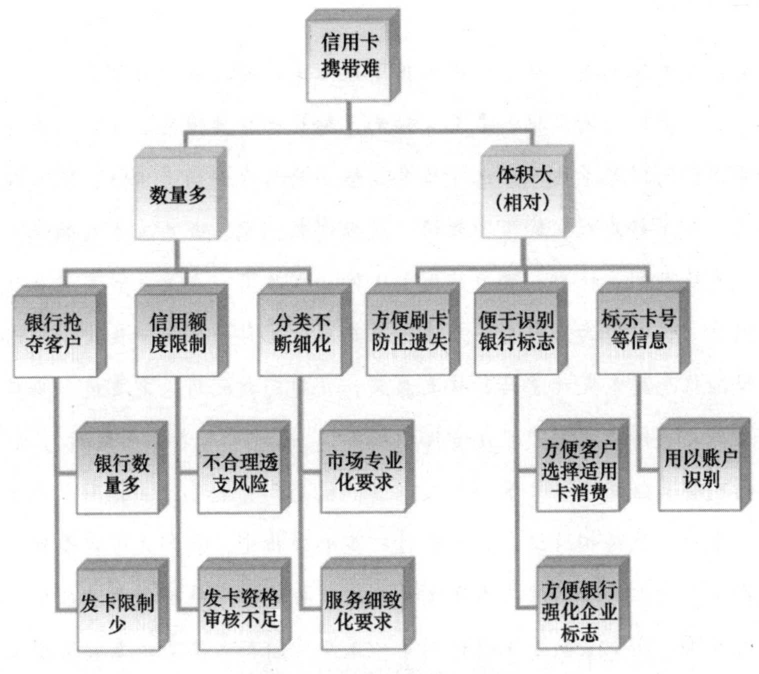

图 8-8　信用卡携带问题树

由图可见，目前对信用卡的大量使用，自有其合理的逻辑性，每一个现象背后，都有其必然的理由。因此，在固有的逻辑体系内创新，难以有效解决其携带难的问题。

如何解决信用卡携带不便的问题呢？借助网络金融技术的应用和推广，银行系统和其他金融企业开始推出一系列的电子钱包，通过注册电子账户的方式取代传统的刷卡消费，相信在不久的将来，一张张的信用卡也可以像货币一样大量的电子化，无需再为携带问题而烦恼。

解决信用卡携带的问题，体现了一种创新方法：经验移植法。这种方法在前面的内容中已经介绍过，属于类比法的一种。借鉴货币可以电子化的思路，那么信用卡也同样可以电子化，从而解决携带不便的问题。

案例分析：

首先是发现问题，对于信用卡携带这一类问题，属于日常生活中的细节问题，这一类问题的发掘，需要主动的、细致的生活观察。正因为是非常细小的事情，所以大多数人会选择将其忽略，而对于创新者来说，别人视野中的盲区，却正好是创新的重要领域。发掘创新问题，并不要求片面求大、求广，只要能有利于社会，哪怕只是小小的一点改变，也是一种实实在在的创新。同时，信用卡的使用面广，涉及人数多，其自身形态的优化，对这个社会的金融信息技术提升也具有重要意义。发现问题之后，需要进一步对问题进行分析，案例中使用了“麦肯锡问题树”。通过“麦肯锡问题树”，我们可以清晰地看到信用卡携带难的两大原因，就是数量太多以及信用卡的体积因为量的累积而显得相对过大。但在进一步的分析中，我们又可以看到，信用卡无论是数量上的增长还是体积上的设定，都是合乎社会发展需求的，我们已经难以从这两个方面着手进行创新。于是，创新方案必须要跳出现有的方法系统。这时候，创新方法体系中的类比法便发挥了作用，正如案例中所言，既然货币可以电子化，那么也可以将信用卡进一步电子化，取消其实物形态，按照这一思路，问题便迎刃而解。事实上，众多银行在实际发展中也是这样做的。

（4）卓达的战略创新

卓达房地产集团是一家全国知名的大型房地产企业，以房地产为龙头，业务涵盖教育、市政建设、服装产业、高科技、商贸、海港建设、建筑安装、物业管理、现代农业、旅游等多个产业领域。作为一家房地产企业，卓达凭借自身资本优势，实施多元化的企业发展战略，把产业发展延伸至文化产业领域，很好地展现出企业创新的势头。

案例：卓达的战略创新

卓达集团率先把创意与传统价值连城的文物和艺术品等同起来，举办创意拍卖会。2014 年 3 月 22 日，在位于上海西郊的城市江苏太仓，卓达集团经过近两年的孕育、谋划、筹备，启动了中国首个创意拍卖大会。此次拍卖会，共有涉及动漫设计、软件开发和应用、影视体验等行业的十大创意作品参加竞拍，当场成交 5 项创意拍卖，成交额接近 600 万元。

卓达对于社会经济的发展有着清醒而深刻的认识，传统经济发展出现阶段性的瓶颈，但经济发展出现的问题最重要的是发展模式的问题，而不是经济本身的问题，认识到这一点，就为紧接下来的模式创新提供了依据。然后，经济发展具有一定的周期，这是经济理论的常规认识，但是在一般规律作用之外，也具有一些特殊性。例如，经济周期中，并不是所有的行业都同时进入瓶颈，甚至恰恰相反，传统行业的暂时衰退，正好为新兴行业提供了发展的利润空间，从这一点出发，卓达选择了文化产业这一领域。再者，考量企业发展问题的角度，一般是从管理和市场来考虑，但是卓达的独到之处在于加入了新的资本和政策因素，一方面借助国家对文化产业的大力扶持，另一方面积极进行资本运作，为企业发展注入活力。最后，卓达需要重点解决的问题，是资本的吸引和模式的创新问题，把这两个问题解决好了，企业发展的战略目标也就完成了大部分，如图 8-9 所示。

图 8-9　卓达创意发展

案例分析：

创新解决问题的第一步在于发掘问题，在企业发展战略选择时，对经济规律的认识和把握发挥着重要的作用。卓达在发现问题时的创新之处在于不仅善于总结经济发展的一般规律，也善于发现经济发展的特殊规律，并将这些规律充分体现在企业部署之中。跳出常规，是发掘问题重要的创新特征。传统行业由于经济周期发展，会出现暂时的衰退或者停滞，但新兴行业却有可能成为经济萧条期的突破口。明确了这一点，就可以确定问题所在，那就是如何处理企业增长乏力的问题。确定问题以后，就要对问题进行系统分析，我们可以选用5why分析法，如表8-6所示。

表8-6　用5why分析法分析卓达集团面临的问题

为什么企业利润在下降？
因为市场竞争太激烈，利润空间被压缩。
为什么市场竞争会如此激烈？
因为传统行业产能已经过剩。
为什么传统行业会产能过剩？
这是传统经济周期发展的体现。
有没有突破经济周期发展的可能？
开发新的产业领域可以做到这一点。
要开发什么样的产业领域？如何开发？
……

通过5why分析法，可以大致了解卓达目前所面临的问题的来龙去脉，并且为创新方案的提出做好准备。由于卓达本身是一个多元化发展的大型企业，所以在创新方案选择上可以选择和田十二法，如表8–7所示。

表 8-7　用和田十二法提出卓达的创新方案

加一加	增加文化产业等领域投入
减一减	减少部分市场饱和行业的投入
扩一扩	扩大现有盈利项目的规模
变一变	调整企业产业结构
改一改	修改不能适应市场变化的管理制度
缩一缩	精简人才队伍
联一联	联系国家政策方针
学一学	学习同类房地产企业的战略部署
……	……

通过和田十二法，我们可以大致完成一套创新方案的框架（当然实际的方案会比图表中的内容要复杂得多），将各个创新要点进一步细化和完善，并且付诸实践，就完成了企业创新的整套流程。

三、试错法

试错法是在特定情况下解决问题的一种创新方法，就如同一位伟人所说的“摸着石头过河”，是在没有现成的路径可以借鉴的情况下，自己走出一条新路的勇敢尝试。一般来说，试错法是一种高成本的创新方法，因为试错的过程也是在失败中取舍的过程，有得先有失，有失终有得，体现着佛家舍与得的辩证智慧。试错法目前作为企业创新的一种流行的科学方法论，在实际社会中发挥着重要的作用。

1. 试一下，未尝不可

试错法是一种通过不断试验和消除误差、探索未知系统的方法。这种方法

在动物的行为中是不自觉地应用的，在人的行为中则是自觉的。

对于试错法中的未知系统，我们可以将其视为“黑箱”系统，也就是把所要研究的整个领域看做一个“黑箱子”，然后间断地或连续地改变黑箱系统的参量，试验黑箱所作出的应答，以寻求达到目标的途径。主体行为的成败是用它趋近目标的程度或达到中间目标的过程评价的。趋近目标的信息给主体，主体就会继续采取成功的行为方式；偏离目标的信息反馈给主体，主体就会避免采取失败的行为方式。通过这种不断的尝试和评价，主体就能逐渐达到所要追求的目标。试错法有两种类型，如图 8-10 所示。

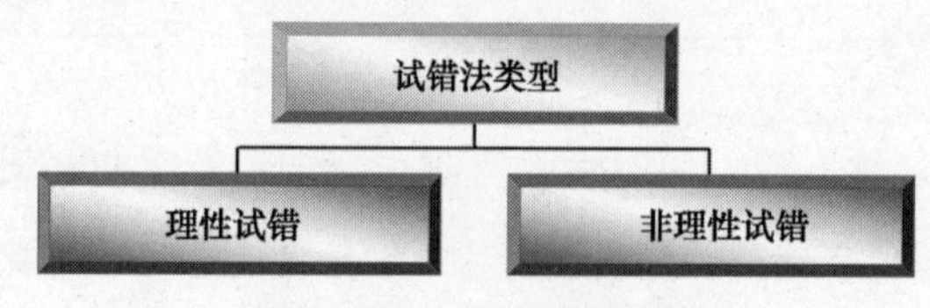

图 8-10　试错法的类型

表 8-8　两种试错法的特征

理性试错的特征	在调整政策或者变革政策之前，即在尝试解决问题之前，参与决策者提出尽可能多的备选方案，并尽量全面预测和评估各个方案，然后全面比较各个方案，最后认真考虑，是否选择最佳方案作为尝试解决问题的措施
非理性试错的特征	在尝试解决问题之前，即在决策中，个人判断或者经验判断占上风，控制着决策过程，决策中仅提出一个草稿，经过开会协商后做一些调整和修改，接着就颁布政策文本

试错法的使用步骤

（1）猜错

猜测是试错法的第一步。没有猜测，就不会发现错误，也就不会有反驳和更正。猜测在一定意义上就是怀疑，这种怀疑不是为了怀疑而怀疑，而是为了发现问题、更正问题，是科学的审慎的态度。

注意事项：

猜测不是胡乱地想象，随意地编造。它除了要尊重已有的事实外，还须符合以下两点要点。

① 简单性要求，即经猜测而得的设想必须简单明了，必须让人一看就明白新设想“新”在何处，它与旧的认识关联何在，等等；

② 尽可能获得成功，较长久地不被替代、推翻。之所以进行猜测、怀疑原有认识，就是为了确立新认识和理论。如果新理论不追求成功、长时间有效，猜测就毫无必要了。

（2）反驳

反驳是试错法的第二步。没有反驳，猜测就是一厢情愿且可能错误重重的设想。反驳就是批判，就是在初步结论中寻找毛病，发现错误，通过检验确定错误，最后排除错误的思维过程。排除错误是试错法的目的，也是它的本质。因为不能排除错误，认识就不能得到提高，就不可能从错误中走出来。所以，人类高明于动物的地方，其中之一就是能够排除错误，以免干扰新的认识。而动物能够发现错误，但不能排除，从而导致它以后的重犯，并最终导致灭亡。

注意事项：

有一点须交待，即试错法的试错不是目的，不是为试错而试错。生活中，大多数人包括一些领导并不喜欢别人给他找错误、挑毛病，认为这是对他的不恭或故意刁难。这种想法应该抛弃。

2. 试一下，创意在其中

案例：陈欧的创业黑箱

说起红遍大江南北的“陈欧体”，很多网友都会有印象：“我是陈欧，我为自己代言。”如图 8-11 所示。

2009 年 7 月，在从斯坦福商学院毕业的第三天，陈欧回到了国内，希望在自家门口创业。非常幸运的是，他很快拿到了新东方创始人徐小平的一笔数目为 18 万美元的天使投资资金。利用这笔钱，陈欧开始了他的创业之旅。

陈欧的创业过程，是一个不断试错的过程。他首先尝试了网络游戏的创业模式。他借鉴了美国一家游戏公司的经营模式，但是很快便发现这种模式并不适用于中国。在美国，一个有效的点击可以卖到几十美元，而在国内几乎是白菜价，连几毛钱都卖不到。他的第一次创业宣告失败。这时正值团购兴起，“百团大战”四面狼烟，陈欧很快投入进去开始了他第二次创业，并把目光锁定在当时尚属冷门的垂直领域——化妆品的团购上。

2010 年 3 月团美网降生。最初，陈欧模仿“Groupon”，采用每日一件产品的团购。为了获得货源，陈欧买断代理商的货物存进仓库，再以限时售卖的模式卖出，价格是专卖店的 5 ～ 6 折，毛利率保持在 20% ～ 30%。“价格战”让网站很快聚集起了一批粉丝。但是，这样的模式依然存在着很多缺陷，再进一步发展的时候，便凸显了其瓶颈。紧接着，陈欧又尝试各种新兴的运营模式，通过不断地改进，再度从团购向 B2C 转型，并逐步发展出一套符合自身特点的商业盈利模式。2013 年 3 月，陈欧的“聚美优品”获得红杉资本千万美元级别的风险资本投资，开始了他新的创业征程，如图 8-12 所示。

图 8-11　陈欧

图 8-12　聚美优品

案例分析：

对于陈欧来讲，首先是用 18 万美元构建起一个“创业黑箱”，刚开始的时候，他并不知道应该往黑箱里填充什么样的内容才是合适的，于是他首先把游戏行业填充了进去。但是事实证明，这种模式并不适用，于是他马上进入了第二种团购模式。在不断摸索中，团购模式尽管在一定程度上满足了创业黑箱的要求，但显然不是最优的选择，于是他又开始了新的试错，也就是新的商业模式的探索。就这样，陈欧在不断的“试错”中调整和成长，不断地对创业模式进行完善和优化。

案例：刘正明的创业试错法

刘正明，广州维莎鞋业有限公司女鞋品牌的创始人，如图 8-13 所示。在 10 多年的创业路上，一路走来，他几乎试遍了所有女鞋行业的经营模式。正如众多创业者一样，他用自己的青春和汗水探索着适合自身发展的方法和路径，而这一个过程，正是试错法的创新过程。

图 8-13　刘正明

2003 年，刘正明踏上了女鞋行业的创业之路，这时候，他选择的是实体店的鞋类零售兼批发。但是，在用心经营一年多之后，他发现这个模式并不十分合适自己，由于对市场认知的缺乏以及自身经验的不足，实体店的零售兼批发生意并没有如愿带来期待中的收益。于是，从 2005 年起，刘正明放弃了已有的店面，把发展的重点投入女鞋生产领域，他筹集了一笔对于他来说不小的资金，开办了属于自己的鞋业制造工厂，进行代工生产，而这种模式是小型企业发展之初的通行选择。但是，对于刘正

明来说，模仿别人的生产模式，似乎并没有能很好地实现自己的追求。

在管理上，小型企业的不规范让他心存忐忑，各种行业内部复杂的竞争关系也让他感觉到莫大的压力。2007年后，他开始反思：原本的经营模式到底出现了什么样的问题？经过慎重考虑，他把工厂转让，继续回到企业里面上班，希望能从别人的企业里面学习到适合自己的创业路径。两年之后，也就是2009年，当时正值网购风暴热火朝天之际，在如火如荼的电商热潮中，刘正明似乎看到了一种阳光的创业模式，于是他辞掉了工作，开始利用已有的经验和资源开网店，做淘宝。像其他淘宝店家一样，他注册了自己的网店，开始女鞋零售。但现实证明，网店的发展潜力并没有预想的那么好，众多的商户一拥而上，价格竞争，把产品的利润空间无限压缩，一些小店家为了扩大销售，开始无所不用其极，以次充好等现象屡见不鲜，火爆的淘宝网店开始逐步降温。开设网店的过程，刘正明和他的团队适逢其时，实现了一定程度的盈利，但显然这并非一种可以长期依赖的创业模式。于是2011年以后，他开始从网络零售转向网络批发，同样是借助阿里巴巴的平台，但是这个时候电子商务的竞争无论是在中小企业或者是在垄断寡头之间都已经进入白热化阶段，产品竞争逐渐向资本竞争转化，巨大的资金压力已经把众多小型创业者排除在外。2013年以后，经过10多年不断的探索尝试与思考，刘正明形成了自己的一套经营模式，他注册了属于自己的维莎鞋类品牌和公司，并且重新开设工厂，自己生产，把产品质量和款式的控制权掌握在自己手里。同时，摒弃网络销售，专致于做实体店加盟的渠道营销。经过10多年的不断尝试，刘正明把自己的经营模式归结为3个方面，一是控制成本，创造产品的价格优势，并将节省的成本让渡给客户，保证客户可以健康良性发展；二是以款式研发投入为重心，通过款式快速更新，保持企业对市场的快速反应能力；三是将优质服务落到实处，区别于一些空洞的口号，保证客户真切地感受到维莎的真诚与热情，通过最优的服务吸引和稳定客户群体。尽管很多企业都是这样做的，但是在具体执行中却有着巨大的区别。通过细节把维莎跟一般的女鞋品牌区别开来，这是刘正明目前正在做的事情，如图8-14所示。

图 8-14　维莎女鞋

正如刘正明自己所说，他对企业发展路径的探索还远远没有结束，但是他对他的“创业黑箱”已经越来越了解，对行业品牌操作有属于他自己的模式和理念，创业路上的试错法创新是一个发展的过程，而不是一个静止的概念，通过试错法的不断尝试，离成功的距离就会越来越近。

案例分析：

案例中刘正明的创业之路，是一个典型的践行试错法的过程，从实体店零售到工厂生产，从淘宝店零售到网上批发，再到创立品牌，进行加盟渠道营销，各个阶段的探索，形成一个完整的试错创新链条。在这个过程中，既是一个不断取舍的过程，也是一个不断发展壮大的过程，这也体现了试错创新法在实践过程中“有舍有得”的特点。试错法，并不是要在无数的错误中重复循环，而是在不断的排除中选定正确的方法和方向。

试错法的实施，并没有纸上谈兵那么轻松，它是无数创业者或者守业者在谋求发展，谋求改变中必然的选择。一方面，它具有客观性，对一些人来说，选择这样的过程意味着无奈，因为成功的背后必然是无数次的失败；另一方面，它具有主动性，这是试错法的使用者跟一般失败者的根本区别。使用试错法，是主动地去承受失败，在失败中成长，但是一般的失败者是被动地遭遇失败，容易成为困难的俘虏。

从这个意义是讲，试错法既是一种创新方法，更是一种创新理念，它把人们探索的过程从被动变为主动，从承受者变为推动者，这也是试错法根本的价值所在。

后记

9 月，是收获的季节，是喜悦的季节，尤其是南方的 9 月，天气转凉而又不乏暖意，让人有意气风发之感。“晴空一鹤排云上，便引诗情到碧霄。”大概就是如此。

从春天的谋划到秋天的完稿，本书大概历经了 6 个月的时间。在此期间，出现了诸多的波折，幸运的是，在诸多友人的帮助下，最后都一一化解，此为比完稿更为重要的收获。

由于对内容时效性、新颖性的追求，本书对案例的选取力求最新，这为材料的收集增加了很大的难度。在这一过程中，南方报业新视界传媒有限公司的杨秀玲女士给予了本书很大的帮助。同时，在内容的编写上，本书也是集体智慧的凝聚，在此要对广东财经大学幸智诚、陈丽湘、林佳佳、邓烨、林燕璇、李子冰等表示感谢，尤其是智诚，在本书第 2 章、第 6 章中皆有重要贡献。

华师经纪的周丽女士，在本书的写作中负责与出版社的联系接洽工作，同时在写作思路上给予了很大帮助，在此一并表示感谢。